In höchsten Höhen

Eine Gedicht-Revue

In höchsten Höhen

Eine Gedicht-Revue

HERAUSGEGEBEN
VON KARL OTTO CONRADY

AUFBAU-VERLAG

ISBN 3-351-03041-X

1. Auflage 2005

Das gesamte Verzeichnis der Quellen und Rechteinhaber befindet sich
am Schluß des Bandes
Einbandgestaltung Gold, Anke Fesel und Kai Dieterich
unter Verwendung eines Gemäldes von Ben McLaughlin, Bridgeman
Druck und Binden Clausen & Bosse, Leck
Printed in Germany

www.aufbau-verlag.de

Inhalt

Unser Land

Ade nun, ihr Lieben

Leben erzählen

Liebe denkt in süßen Tönen

Dann werden wir kein Feuer brauchen

Sonette – So-nette

Überall ist Wunderland

Vorwort

Sofort sei der vielleicht stutzende Leser aufgeklärt über den schillernden Titel dieser Sammlung *In höchsten Höhen*. Die Formel stammt aus dem Anfang von Peter Rühmkorfs Gedicht *Hochseil*: »Wir turnen in höchsten Höhen herum, / selbstredend und selbstreimend ...« Augenzwinkernd ironisch blickt da der Lyriker auf sein eigenes Metier. Aus heiter-ernster Distanz formuliert er gar: »Ich sage: wer Lyrik schreibt, ist verrückt, / wer sie für wahr nimmt, wird es.« Das ist natürlich nur *eine* Aussage unter anderen über das weite Gebiet der Lyrik, wie sie sogleich im ersten Abschnitt dieses Buchs kontrastierend zusammengebracht sind. Jedenfalls ist *In höchsten Höhen* nicht der gewagte Titel einer Anthologie mit dem ohnehin vermessenen Anspruch, Höchstleistungen der Gedichtkunst und also etwas zeitlos Sicheres und Gültiges vorzulegen.

Dieser Band hegt eine andere Absicht. Er möchte dem Leser die Einsicht vermitteln, die spannend sein kann: dass Gedichte Jahrhunderte hindurch eine verborgene oder offenkundige Diskussion miteinander führen, sich ergänzend und auch sich widersprechend, Gedanken aufgreifend und weiterführend oder widerlegend. Der Untertitel »Eine Gedicht-Revue« ist wörtlich zu nehmen. In einer Folge von Auftritten, die die Kapitel des Buchs bilden, sind Gedichte arrangiert, die einem thematischen Komplex zugeordnet sind; so treten sie auf, präsentieren ihre ›Botschaft‹ und beleuchten die leitende Thematik aus unterschiedlichen Perspektiven. So unscharf der Begriff ›Thematik‹ hier absichtlich bleibt, so wenig darf erwartet werden, dass in den einzelnen ›Auftritten‹ der ganze Umfang des Angesprochenen ausgeschritten und erfasst ist.

Aber Einsichten, Anregungen und Überraschungen sind dem schweifenden Leser allemal gewiss. Und zum eigenen Widerspruch darf er sich gelegentlich auch provoziert fühlen.

Schon Achim von Arnim (1781–1831) beispielsweise schrieb, ohne von täglichen Fernsehnachrichten übers Auf und Ab der Aktien behelligt zu werden, seine spöttischen Verse über Börsenzeit und Kursbericht, und Hoffmann (von Fallersleben), der 1841 auf der Insel Helgoland *Das Lied der Deutschen* dichtete, schloss 1872 sein bissiges *Gründers Mittagslied* mit den Zeilen: »Ich will mir flechten selbst zum Lohne / Aus Aktien eine Bürgerkrone.« Was Magnus Gottfried Lichtwer (1719–1783) in der Form der Fabel vom Streit zwischen dem Mohren und dem Weißen erzählt, bleibt ein aktuelles Exempel für das schwierige und mit Vernunft zu bewältigende Neben- und Gegeneinander unterschiedlicher Kulturen.

Die Überschriften der ›Aufzüge‹ dieser »Gedicht-Revue« bedürfen keiner ausführlichen Erläuterung. Aus Gedichten zitiert, weisen die Formeln jeweils die Richtung. Deshalb nur spärlich die eingestreuten Erklärungen, die ich für nötig hielt, um den Leser bei seiner Lektüre durch die neun Akte der Revue zu begleiten.

Wer Schönes anschaut, spürt die Zeit: Nachdenkliches und keineswegs Einsinniges über Lyrik, ihre Möglichkeiten und den Umgang mit ihr; poetologische Verse also als Ouvertüre. – *Ich weiß nicht, was soll es bedeuten*: Die von Clemens Brentano erfundene und von Heine besungene Sage von der Loreley samt zugehöriger Rheingegend fügen sich mehrstimmig zusammen, und natürlich macht auch Erich Kästners Turner seinen Handstand auf der Loreley hoch überm Rhein. – *Unser Land*: Gedichte über Deutschland, von Walther von der Vogelweide bis zur Gegenwart, sehnsüchtige und traurige, zukunftsfrohe und kritisch lotende. Die Sequenz dieser kontrastierenden Verse enthält wohl die Substanz jener Diskussion über eine ›Leitkultur‹ (welche Bezeichnung gar nicht vorkommt) und vermag sie aufzuheben, und zwar ins abwägend kritische Bewusstsein. Bereits Friedrich Rückert mokierte sich 1819 sprachvirtuos über allzu forsche Deutschbewusste: »Neulich deutschten auf deutsch vier deutsche Deutschlinge deutschend ...« – *Ade, nun ihr Lieben*: Reiselust und Reiselast, Hoffnungen und Enttäuschungen, die den Fahrten immer oder doch oft beigemischt sind, drücken sich in markanten Gedichtzeilen aus, in Eichendorffs »Ach, wer da mitreisen könnte / In der prächtigen Sommernacht!«, in Tucholskys ernüchternd-lakonischer Schlusswendung »Wie du auch die Welt durchflitzt / ohne Rast und Ruh -: / Hinten auf dem Puffer sitzt / du«, in Gottfried Benns lapidarer Frage »Meinen Sie Zürich zum Beispiel / sei eine tiefere Stadt ...?«, in Durs Grünbeins barschem Urteil »Reisen ist ein Vorgeschmack auf die Hölle«, aber auch in der Wortspielkaskade von Helmut Heißenbüttels »Bremen wodu« –, um nur diese paar Stellen zu zitieren. – *Leben erzählen*: Ein unendliches Thema, in dem die Frau eine führende Stimme zu sprechen hat und wo auf begrenztem Raum wenigstens einprägsame Facetten dessen aufscheinen, was das eröffnende Gedicht begehrt: »Wir dürfen unser / Leben / nicht beschreiben, wie wir es / gelebt haben / sondern müssen es / so leben / wie wir es erzählen werden: / Mitleid / Trauer und Empörung« (Guntram Vesper). – *Liebe denkt in süßen Tönen*: Auch in diesem Abschnitt scheinen die Verse aus älterer und neuerer Zeit miteinander verwoben zu sein, ›thematisch‹ sowieso, sogar bis in wörtliche Übereinstimmungen, und an Anspielungen ist ohnehin kein Mangel. Geflissentlich habe ich hier auch einige Gedichte aufgenommen, die – man möchte sagen: in alter Weise – sicher und klangvoll das Erleben erfüllter, gelungener Liebe intonieren, wo in der Gegenwart eher das begründete Bedenken gegenüber solchem Glück sich auf- und vordrängt. Aber noch in diesem Revue-Akt darf es an heiter-ironischen

Einsprengseln nicht fehlen, wie sie schon Heinrich Heine am fiktiven Teetisch inszenierte. Wolfgang Weyrauchs *Liebesgedicht* in der Vision endzeitlichen Untergangs bietet dann freilich eine schwersinnige Schlusslitanei. – *Dann werden wir kein Feuer brauchen*: Gedichte dürfen der Ort sein, wo Utopie beheimatet ist, das erhoffte und immer zu erstrebende Andere und Bessere. Hier tasten sich Verse behutsam vor und trumpfen auch voller Hoffnung auf: »daß jeder jeden in die Arme nimmt« (Hanns Dieter Hüsch) und: »Morgen wirst du im Paradies mit mir sein« (Sarah Kirsch). – *Sonette – So-nette*: Von bedeutenden Sonetten der Tradition spannt sich der Bogen bis zu so netten Stücken dieser Gedichtform, in denen sich Scherz, Satire und tiefere Bedeutung munter auslassen und dabei doch ebenfalls die Tragfähigkeit der vorgegebenen Versstruktur des Sonetts auf die Probe gestellt wird. So kann sich locker der Schlussauftritt anschließen: *Überall ist Wunderland*. Die Gedicht-Revue wird nun zur Wort-Revue, zum freien Spiel mit den Baumitteln der Sprache, bis hin zum Nonsens, der sich bei genauem Hinhören und Hinsehen oft als weit mehr erweist denn törichtes Gerede und inhaltsloses Sprachgetümmel. Freilich haben da der gewohnte, normale Wortsinn und Zusammenhang der Sprache ihre Herrschaft aufgegeben und der Leser wird in ›Wunderland‹ entführt, wenn er sich denn solcher Artistik besonderer Art überlassen mag und sie nicht (eilig-voreilig) als Unsinn disqualifiziert.

Diese Gedichtsammlung zeigt vielerlei Spielarten der Lyrik, führt unterschiedliche Schreibweisen des Gedichts vor. Lyrik erlaubt so viele Variationen. Hier ist nicht der Platz, ausführlich über diese literarische Gattung und ihre Charakteristika nachzudenken. Ich habe es in dem umfänglichen Vorwort zu jener Anthologie versucht, die unter dem pompösen Titel *Der Neue Conrady. Das große deutsche Gedichtbuch von den Anfängen bis zur Gegenwart* erschienen ist (Düsseldorf, Zürich 2000, 3. Aufl. 2003). Da plädiere ich für völlige Offenheit gegenüber den mannigfachen Schreibweisen, ohne vorurteilsbelastete Annahme einer ›Wesens‹bestimmung dessen, was Lyrik sei und zu sein habe. Erst in der Betrachtung des einzelnen Gedichts in der von den Autorinnen und Autoren gewählten Form (für die, am Rand vermerkt, der Reim schon spätestens seit der Mitte des 18. Jahrhunderts seine dominierende Funktion verlor) vermag interpretierend-kritische Analyse freizulegen, welche Bedeutung dem Textganzen des Gedichts innewohnt – oder nicht.

Das gilt auch für diese Gedicht-Revue. Sie lädt die Leser ein, die mannigfachen Kontakte der Verse untereinander wahrzunehmen, sowohl aufs Einzelne aufmerksam zu sein als sich auch auf das konzertierende Zusammenspiel und Widerspiel der Gedichte in den einzelnen ›Akten‹ einzulassen, um von bisher vielleicht Übersehenem oder Unbekanntem überrascht zu werden oder Vertrautem wieder zu begegnen. Dann mag nach der Einzelprüfung des Gebotenen über das Maß des Gelingens geurteilt werden, wobei gewiss des Lesers Sehepunkt, um diesen alten, aber tauglichen Begriff des Geschichtstheoretikers Chladenius aus dem 18. Jahrhundert zu benutzen, von leitendem Einfluss ist.

Karl Otto Conrady

Wer Schönes anschaut, spürt die Zeit

Johann Wolfgang von Goethe

Gedichte sind gemalte Fensterscheiben!
Sieht man vom Markt in die Kirche hinein,
Da ist alles dunkel und düster;
Und so sieht's auch der Herr Philister:
Der mag denn wohl verdrießlich sein
Und lebenslang verdrießlich bleiben.

Kommt aber nur einmal herein,
Begrüßt die heilige Kapelle;
Da ist's auf einmal farbig helle,
Geschicht und Zierat glänzt in Schnelle,
Bedeutend wirkt ein edler Schein;
Dies wird euch Kindern Gottes taugen,
Erbaut euch und ergetzt die Augen!

Eduard Mörike

AUF EINE LAMPE

Noch unverrückt, o schöne Lampe, schmückest du,
An leichten Ketten zierlich aufgehangen hier,
Die Decke des nun fast vergessnen Lustgemachs.
Auf deiner weißen Marmorschale, deren Rand
Der Efeukranz von goldengrünem Erz umflicht,
Schlingt fröhlich eine Kinderschar den Ringelreihn.
Wie reizend alles! lachend, und ein sanfter Geist
Des Ernstes doch ergossen um die ganze Form –
Ein Kunstgebild der echten Art. Wer achtet sein?
Was aber schön ist, selig scheint es in ihm selbst.

August von Platen

TRISTAN

Wer die Schönheit angeschaut mit Augen,
Ist dem Tode schon anheimgegeben,
Wird für keinen Dienst auf Erden taugen,
Und doch wird er vor dem Tode beben,
Wer die Schönheit angeschaut mit Augen!

Ewig währt für ihn der Schmerz der Liebe,
Denn ein Tor nur kann auf Erden hoffen
Zu genügen einem solchen Triebe:
Wen der Pfeil des Schönen je getroffen,
Ewig währt für ihn der Schmerz der Liebe!

Ach, er möchte wie ein Quell versiechen,
Jedem Hauch der Luft ein Gift entsaugen
Und den Tod aus jeder Blume riechen:
Wer die Schönheit angeschaut mit Augen,
Ach, er möchte wie ein Quell versiechen!

Christoph Meckel

Rede vom Gedicht

Das Gedicht ist nicht der Ort, wo die Schönheit gepflegt
wird.

Hier ist die Rede vom Salz, das brennt in den Wunden.
Hier ist die Rede vom Tod, von vergifteten Sprachen.
Von Vaterländern, die eisernen Schuhen gleichen.
Das Gedicht ist nicht der Ort, wo die Wahrheit verziert wird.

Hier ist die Rede vom Blut, das fließt aus den Wunden.
Vom Elend, vom Elend, vom Elend des Traums.
Von Verwüstung und Auswurf, von klapprigen Utopien.
Das Gedicht ist nicht der Ort, wo der Schmerz verheilt wird.

Hier ist die Rede von Zorn und Täuschung und Hunger
(die Stadien der Sättigung werden hier nicht besungen).
Hier ist die Rede von Fressen, Gefressenwerden
von Mühsal und Zweifel, hier ist die Chronik der Leiden.
Das Gedicht ist nicht der Ort, wo das Sterben begütigt
wo der Hunger gestillt, wo die Hoffnung verklärt wird.

Das Gedicht ist der Ort der zu Tode verwundeten Wahrheit.
Flügel! Flügel! Der Engel stürzt, die Federn
fliegen einzeln und blutig im Sturm der Geschichte!

Das Gedicht ist nicht der Ort, wo der Engel geschont wird.

[*Flügel! Flügel!*: Anspielung auf den »Engel der Geschichte« in Walter Benjamins (1892–1940) »Geschichtsphilosophischen Thesen« (9. These).]

Robert Gernhardt

Nachdem er durch Metzingen gegangen war

Dich will ich loben: Häßliches,
du hast so was Verläßliches.

Das Schöne schwindet, scheidet, flieht –
fast tut es weh, wenn man es sieht.

Wer Schönes anschaut, spürt die Zeit,
und Zeit meint stets: Bald ist's soweit.

Das Schöne gibt uns Grund zur Trauer.
Das Häßliche erfreut durch Dauer.

Axel Kutsch

Feier des Wortes

Bevor Sie dieses Gedicht betreten,
ziehen Sie sich bitte die Schuhe aus.
Sie werden vom Autor darum gebeten.
Sparen Sie am Ende nicht mit Applaus.

Haben Sie sich schon die Hände gewaschen?
Nein? Dann wird es aber höchste Zeit.
Begegnen Sie Dichtung nicht mit der laschen
Einstellung Ihrer Alltäglichkeit.

Was glauben Sie denn, wo Sie gerade weilen?
Hier findet eine Feier des Wortes statt.
Spüren Sie nicht den Wohlklang der Zeilen,
die der Autor für Sie geschrieben hat?

Da darf er ein bißchen Respekt verlangen.
Nehmen Sie gefälligst Haltung an.
Gerade sitzen! Nicht so durchgehangen
wie ein versoffener Liederjan.

Die Zähne sollten Sie sich auch noch putzen.
Ein Gedicht verträgt keinen Mundgeruch.
Oder geht es Ihnen darum, zu beschmutzen,
was Sie mehr fordert als ein Kalenderspruch.

Lesen Sie langsam. Nehmen Sie sich Zeit.
Sorgen Sie noch für gedämpftes Licht.
Sind Sie jetzt endlich soweit?
Dann genießen Sie dieses Gedicht.

Peter Rühmkorf

Hochseil

Wir turnen in höchsten Höhen herum,
selbstredend und selbstreimend,
von einem I n d i v i d u u m
aus nichts als Worten träumend.

Was uns bewegt – warum? wozu? –
den Teppich zu verlassen?
Ein nie erforschtes Who-is-who
im Sturzflug zu erfassen.

Wer von so hoch zu Boden blickt,
der sieht nur Verarmtes/Verirrtes.
Ich sage: wer Lyrik schreibt, ist verrückt,
wer sie für wahr nimmt, wird es.

Ich spiel mit meinem Astralleib Klavier,
v i e r f ü ß i g – vierzigzehig –
Ganz unten am Boden gelten wir
für nicht mehr ganz zurechnungsfähig.

Die Loreley entblößt ihr Haar
am umgekippten Rheine …
Ich schwebe graziös in Lebensgefahr
grad zwischen Freund Hein und Freund Heine.

Steffen Jacobs

Über Vergeblichkeit

Der Blick umfaßt die Hand,
die Hand umkrampft den Stift,
doch wer führt den Verstand?

Das Blatt strahlt weiß wie Gift:
»Der Dichter ist ein Ringer ...«
Ob das die Sache trifft?

»Papier ist sein Bezwinger ...«
Allmählich läufst du warm.
Vers drei juckt schon im Finger,

mit Schwung führst du den Arm:
»Die Sprache seine Wunde ...«
Das hat doch wirklich Charme.

Der Blick fällt in die Runde –
jetzt schnell ein Vers, der prunkt:
»Das Schweigen seine Kunde ...«

Das bringt es auf den Punkt.
Den Punkt setzt nun die Hand –
so ist das, wenn es funkt:

Der Reim führt den Verstand
zu Ruhm und Glanz und Licht,
er gibt dem Wort Bestand,

und manchmal tut er's nicht.

Ludwig Harig

Das schreibende Subjekt

Ergreift der Mensch den Stift, schon wird er kategorisch.
Das schreibende Subjekt bedient sich der Poetik,
schmäht nicht das Regelwerk berechneter Ästhetik:
das Werk aus hohlem Bauch bleibt meistens illusorisch.

Gelehrtenverse sind gebildet und rhetorisch,
die auditive Kunst berauscht sich in Phonetik,
konkrete Poesie gefriert in Arithmetik,
das lyrische Gedicht ist meistens metaphorisch.

Ein ganzer Kanon steht dem Schreiber zur Verfügung,
dem schieren Leidensdruck, der köstlichen Vergnügung:
es ist die ganze Welt auf einmal kreativ.

Den einen quält das All, den andern plagt die Enge,
es wechselt freies Spiel in arge Ausdruckszwänge:
der eine ist erwacht, dieweil der andre schlief.

Karl Otto Conrady

Lockere Lyrik

Ach Gott, das Dichten schreibt sich so dahin.
Der Flecken Rotwein leuchtet fast frivol,
Schnee im Büro, ein Seufzer im Advent,
Die laue Sommerliebe in Tirol,
Ein Rendezvous am schalen Thekenrand,
Rhetorisches Gestöber dicht und hohl,
Poröser Glanz im Schutt vom Abendland.
Wozu noch Sinn verdoppeln im Symbol?
Im Fernsehn tanzen Völker mit dem Tod,
Die Dirne Hoffnung lügt als Sprecherin,
Reklame simuliert den Lebenssinn,
Romantik täuscht in spätem Abendrot,
Ein Mond hängt trostlos hinter Regenschleim,
Am Dom verstecken Penner ihre Scham,
Und Bürger sehnen sich nach ihrem Heim.
Ein Philosoph sortiert den Zettelkram,
Denkt mal wie Hegel, Marx und mal wie Kant,
Schwitzt, wenn er nachsinnt, und erkennt doch nicht
Das Menetekel in der Bücherwand,
So spärlich leuchtet ihm sein Dämmerlicht.
Der Lyriker bestellt das letzte Bier,
Notiert sich, was er hörte, was er sah,
Holt in Gedanken sich die Wörter nah
Und schlendert selig labernd in sein Schlafquartier.

Ich weiß nicht, was soll es bedeuten

Heinrich Heine

Ich weiß nicht, was soll es bedeuten,
Dass ich so traurig bin;
Ein Märchen aus alten Zeiten,
Das kommt mir nicht aus dem Sinn.

Die Luft ist kühl und es dunkelt,
Und ruhig fließt der Rhein;
Der Gipfel des Berges funkelt
Im Abendsonnenschein.

Die schönste Jungfrau sitzet
Dort oben wunderbar,
Ihr goldnes Geschmeide blitzet,
Sie kämmt ihr goldenes Haar.

Sie kämmt es mit goldenem Kamme
Und singt ein Lied dabei;
Das hat eine wundersame,
Gewaltige Melodei.

Den Schiffer im kleinen Schiffe
Ergreift es mit wildem Weh;
Er schaut nicht die Felsenriffe,
Er schaut nur hinauf in die Höh'.

Ich glaube, die Wellen verschlingen
Am Ende Schiffer und Kahn;
Und das hat mit ihrem Singen
Die Lorelei getan.

Clemens Brentano

Zu Bacharach am Rheine
Wohnt eine Zauberin,
Sie war so schön und feine
Und riss viel Herzen hin.

Und brachte viel zuschanden
Der Männer rings umher,
Aus ihren Liebesbanden
War keine Rettung mehr.

Der Bischof ließ sie laden
Vor geistliche Gewalt –
Und musste sie begnaden,
So schön war ihr' Gestalt.

Er sprach zu ihr gerühret:
»Du arme Lore Lay!
Wer hat dich denn verführet
Zu böser Zauberei?«

»Herr Bischof, lasst mich sterben,
Ich bin des Lebens müd,
Weil jeder muss verderben,
Der meine Augen sieht.

Die Augen sind zwei Flammen,
Mein Arm ein Zauberstab –
O legt mich in die Flammen!
O brechet mir den Stab!«

»Ich kann dich nicht verdammen,
Bis du mir erst bekennt,
Warum in diesen Flammen
Mein eigen Herz schon brennt.

Den Stab kann ich nicht brechen,
Du schöne Lore Lay!
Ich müsste dann zerbrechen
Mein eigen Herz entzwei.«

»Herr Bischof, mit mir Armen
Treibt nicht so bösen Spott
Und bittet um Erbarmen
Für mich den lieben Gott.

Ich darf nicht länger leben,
Ich liebe keinen mehr –
Den Tod sollt Ihr mir geben,
Drum kam ich zu Euch her. –

Mein Schatz hat mich betrogen,
Hat sich von mir gewandt,
Ist fort von hier gezogen,
Fort in ein fremdes Land.

Die Augen sanft und wilde,
Die Wangen rot und weiß,
Die Worte still und milde,
Das ist mein Zauberkreis.

Ich selbst muss drin verderben,
Das Herz tut mir so weh,
Vor Schmerzen möcht' ich sterben,
Wenn ich mein Bildnis seh.

Drum lasst mein Recht mich finden,
Mich sterben, wie ein Christ,
Denn alles muss verschwinden,
Weil er nicht bei mir ist.«

Drei Ritter lässt er holen:
»Bringt sie ins Kloster hin,
Geh, Lore! – Gott befohlen
Sei dein berückter Sinn.

Du sollst ein Nönnchen werden,
Ein Nönnchen schwarz und weiß,
Bereite dich auf Erden
Zu deines Todes Reis'.«

Zum Kloster sie nun ritten,
Die Ritter alle drei,
Und traurig in der Mitten
Die schöne Lore Lay.

»O Ritter lasst mich gehen
Auf diesen Felsen groß,
Ich will noch einmal sehen
Nach meines Lieben Schloss.

Ich will noch einmal sehen
Wohl in den tiefen Rhein
Und dann ins Kloster gehen
Und Gottes Jungfrau sein.«

Der Felsen ist so jähe,
So steil ist seine Wand,
Doch klimmt sie in die Höhe,
Bis dass sie oben stand.

Es binden die drei Ritter
Die Rosse unten an
Und klettern immer weiter
Zum Felsen auch hinan.

Die Jungfrau sprach: »Da gehet
Ein Schifflein auf dem Rhein,
Der in dem Schifflein stehet,
Der soll mein Liebster sein.

Mein Herz wird mir so munter,
Er muss mein Liebster sein! –«
Da lehnt sie sich hinunter
Und stürzet in den Rhein.

Die Ritter mussten sterben,
Sie konnten nicht hinab,
Sie mussten all verderben,
Ohn' Priester und ohn' Grab.

Wer hat dies Lied gesungen?
Ein Schiffer auf dem Rhein,
Und immer hat's geklungen
Von dem drei Ritterstein:*

Lore Lay
Lore Lay
Lore Lay

Als wären es meiner drei.

* Bei Bacharach steht dieser Felsen, Lore Lay genannt, alle vorbeifahrende Schiffer rufen ihn an, und freuen sich des vielfachen Echos.

Joseph von Eichendorff

Waldgespräch

Es ist schon spät, es wird schon kalt,
Was reit'st du einsam durch den Wald?
Der Wald ist lang, du bist allein,
Du schöne Braut! Ich führ dich heim!

»Groß ist der Männer Trug und List,
Vor Schmerz mein Herz gebrochen ist,
Wohl irrt das Waldhorn her und hin,
O flieh! Du weißt nicht, wer ich bin.«

So reich geschmückt ist Ross und Weib,
So wunderschön der junge Leib,
Jetzt kenn ich dich – Gott steh mir bei!
Du bist die Hexe Loreley.

»Du kennst mich wohl – von hohem Stein
Schaut still mein Schloss tief in den Rhein.
Es ist schon spät, es wird schon kalt,
Kommst nimmermehr aus diesem Wald!«

Rose Ausländer

Lorelei

Unter dem Rhein
singt die Lorelei

Fische
verschweigen das Lied

Ein hellhöriger Angler
fängt es heraus
schenkt es

uns allen

Franz Hodjak

Vagantenlied

Als ich erstmals den Rhein
entlang fuhr, ich war noch lange

nicht deutsch, da wurde mir etwas bange,
ich fühlte mich doppelt allein.

Doch ich wußte, was das bedeutet,
und danach stand mir der Sinn,

und ich habe es nicht gedeutet,
weshalb ich so traurig bin.

Auf dem Felsen, ganz verändert,
sang keine Lorelei,

und so ist mein Kahn nicht gekentert.
Es flaggte die deutsche Fahne.

Ich fuhr im Zug vorbei.

Erich Kästner

Der Handstand auf der Loreley

(Nach einer wahren Begebenheit)

Die Loreley, bekannt als Fee und Felsen,
ist jener Fleck am Rhein, nicht weit von Bingen,
wo früher Schiffer mit verdrehten Hälsen,
von blonden Haaren schwärmend, untergingen.

Wir wandeln uns. Die Schiffer inbegriffen.
Der Rhein ist reguliert und eingedämmt.
Die Zeit vergeht. Man stirbt nicht mehr beim Schiffen,
bloß weil ein blondes Weib sich dauernd kämmt.

Nichtsdestotrotz geschieht auch heutzutage
noch manches, was der Steinzeit ähnlich sieht.
So alt ist keine deutsche Heldensage,
daß sie nicht doch noch Helden nach sich zieht.

Erst neulich machte auf der Loreley
hoch überm Rhein ein Turner einen Handstand!
Von allen Dampfern tönte Angstgeschrei,
als er kopfüber oben auf der Wand stand.

Er stand, als ob er auf dem Barren stünde.
Mit hohlem Kreuz. Und lustbetonten Zügen.
Man fragte nicht: Was hatte er für Gründe?
Er war ein Held. Das dürfte wohl genügen.

Er stand, verkehrt, im Abendsonnenscheine.
Da trübte Wehmut seinen Turnerblick.
Er dachte an die Loreley von Heine.
Und stürzte ab. Und brach sich das Genick.

Er starb als Held. Man muß ihn nicht beweinen.
Sein Handstand war vom Schicksal überstrahlt.
Ein Augenblick mit zwei gehobnen Beinen
ist nicht zu teuer mit dem Tod bezahlt!

P. S. Eins wäre allerdings noch nachzutragen:
Der Turner hinterließ uns Frau und Kind.
Hinwiederum, man soll sie nicht beklagen.
Weil im Bezirk der Helden und der Sagen
die Überlebenden nicht wichtig sind.

Eduard Mörike

Am Rheinfall

Halte dein Herz, o Wanderer, fest in gewaltigen Händen!
  Mir entstürzte vor Lust zitternd das meinige fast.
Rastlos donnernde Massen auf donnernde Massen geworfen,
  Ohr und Auge wohin retten sie sich im Tumult?
Wahrlich, den eigenen Wutschrei hörete nicht der Gigant hier,
  Läg er, vom Himmel gestürzt, unten am Felsen gekrümmt!
Rosse der Götter, im Schwung, eins über dem Rücken des andern,
  Stürmen herunter und streun silberne Mähnen umher;
Herrliche Leiber, unzählbare, folgen sich, nimmer dieselben,
  Ewig dieselbigen – wer wartet das Ende wohl aus?
Angst umzieht dir den Busen mit eins und, *wie* du es denkest,
  Über das Haupt stürzt dir krachend das Himmelsgewölb!

Matthias Claudius

Rheinweinlied

Bekränzt mit Laub den lieben vollen Becher,
Und trinkt ihn fröhlich leer.
In ganz Europia, Ihr Herren Zecher!
Ist solch ein Wein nicht mehr.

Er kommt nicht her aus Hungarn noch aus Polen,
Noch wo man Franzmänn'sch spricht;
Da mag Sankt Veit, der Ritter, Wein sich holen,
Wir holen ihn da nicht.

Ihn bringt das Vaterland aus seiner Fülle;
Wie wär' er sonst so gut!
Wie wär' er sonst so edel, wäre stille
Und doch voll Kraft und Mut!

Er wächst nicht überall im deutschen Reiche;
Und viele Berge, hört,
Sind, wie die weiland Kreter, faule Bäuche,
Und nicht der Stelle wert.

Thüringens Berge zum Exempel bringen
Gewächs, sieht aus wie Wein;
Ist's aber nicht. Man kann dabei nicht singen,
Dabei nicht fröhlich sein.

Im Erzgebirge dürft Ihr auch nicht suchen,
Wenn Ihr Wein finden wollt.
Das bringt nur Silbererz und Koboltkuchen
Und etwas Lausegold.

Der Blocksberg ist der lange Herr Philister,
  Er macht nur Wind wie der;
Drum tanzen auch der Kuckuck und sein Küster
  Auf ihm die Kreuz und Quer.

Am Rhein, am Rhein, da wachsen unsre Reben;
  Gesegnet sei der Rhein!
Da wachsen sie am Ufer hin und geben
  Uns diesen Labewein.

So trinkt ihn denn und lasst uns alle Wege
  Uns freun und fröhlich sein!
Und wüssten wir, wo jemand traurig läge,
  Wir gäben ihm den Wein.

Friedrich Christian Delius
Das Schweigen von Köln

Was würden Sie tun, wenn Sie unter
der milden Sonne des Herbstes vom Bahnhofsvorplatz
in eine dieser schweigenden Städte kommen wie Köln?

Wenn Sie unterm Getöse der Büromaschinen, Ladenkassen,
Blechpressen, Glocken und Sendemasten nichts hören
und keinen dieser abgeschalteten Menschen reden sehn?

Wenn Sie nur manchmal eine verstörte Gestalt
flüstern hören: die Preise, die Preise! und
einen Meinungsforscher daneben stehn sehn, der das

Als Sprache des Volkes sofort verkauft an einen
Meinungsmacher, denken Sie dann an Demokratie?
Wenn Sie 10 Abhöranlagen, Wanzen, Detektoren anbrin-
gen könnten

In Wohnstuben, Chefetagen, Verfassungsschutzämtern,
Gewerkschaftshäusern, Funkhäusern Ihrer Wahl und
auf einen Schlag und zehnfach erfahren, was hinter

Dem Schweigen steckt? Meinen Sie, Sie erfahren da was?
Und wenn, was würden Sie damit anfangen? Kämen Sie
sich wie ein Agent vor oder ein andrer Verfassungsfeind?

Würden Sie, wenn es sonst niemand tut, das Steigen
der Preise erklären? Haben Sie die Chose mit dem Euro-
Dollar
richtig begriffen? Was tun Sie, wenn Sie gebeten werden:

Bitte verständlicher? Was tun Sie, wenn Sie gefragt werden:
Was tun? Wissen Sie, wer Ihnen bei solchen Antworten
helfen kann? Wissen Sie, was sich abspielt

Vor den Windschutzscheiben, Theken und Röhren?
Wie lange können Sie zuhörn, als hätten Sie niemals
gehört das betäubende Schweigen von Köln?

Rolf Dieter Brinkmann

Einen jener klassischen

schwarzen Tangos in Köln, Ende des
Monats August, da der Sommer schon

ganz verstaubt ist, kurz nach Laden
Schluß aus der offenen Tür einer

dunklen Wirtschaft, die einem
Griechen gehört, hören, ist beinahe

ein Wunder: für einen Moment eine
Überraschung, für einen Moment

Aufatmen, für einen Moment
eine Pause in dieser Straße,

die niemand liebt und atemlos
macht, beim Hindurchgehen. Ich

schrieb das schnell auf, bevor
der Moment in der verfluchten

dunstigen Abgestorbenheit Kölns
wieder erlosch.

Unser Land

Von diesem Land, vom Vaterland, von Deutschland hoch in Ehren, von Glanz und Schande, Ruhm und Schmach, von Zweifel und dann auch von Scham hat deutsche Lyrik laut und sanft gesungen.

So im patriotischen Fortissimo ein Ferdinand Freiligrath, der anfangs zur demokratisch-liberalen Opposition zählte, der emigrierte, der sich für die proletarische Revolution einsetzte und dann in greller Kriegsbegeisterung »Hurra, Germania!« intonierte.

Ferdinand Freiligrath

Hurra, Germania!

Hurra, du stolzes, schönes Weib,
Hurra, Germania!
Wie kühn mit vorgebeugtem Leib
Am Rheine stehst du da!
Im vollen Brand der Juliglut,
Wie ziehst du risch dein Schwert!
Wie trittst du zornig frohgemut
Zum Schutz vor deinen Herd!
    Hurra, hurra, hurra!
    Hurra, Germania!

Du dachtest nicht an Kampf und Streit:
In Fried und Freud und Ruh
Auf deinen Feldern, weit und breit,
Die Ernte schnittest du.
Bei Sichelklang im Ährenkranz
Die Garben fuhrst du ein:
Da plötzlich, horch, ein andrer Tanz!
Das Kriegshorn überm Rhein!
    Hurra, hurra, hurra!
    Hurra, Germania!

Da warfst die Sichel du ins Korn,
Den Ährenkranz dazu;
Da fuhrst du auf in hellem Zorn,
Tief atmend auf im Nu;
Schlugst jauchzend in die Hände dann:
Willst du's, so mag es sein!
Auf, meine Kinder, alle Mann!

Zum Rhein! Zum Rhein! Zum Rhein!
Hurra, hurra, hurra!
Hurra, Germania!

Da rauscht das Haff, da rauscht der Belt,
Da rauscht das deutsche Meer;
Da rückt die Oder dreist ins Feld,
Die Elbe greift zur Wehr.
Neckar und Weser stürmen an,
Sogar die Flut des Mains!
Vergessen ist der alte Span:
Das deutsche Volk ist eins!
Hurra, hurra, hurra!
Hurra, Germania!

Schwaben und Preußen Hand in Hand;
Der Nord, der Süd *ein* Heer!
Was ist des Deutschen Vaterland –
Wir fragen's heut nicht mehr!
Ein Geist, *ein* Arm, *ein* einzger Leib,
Ein Wille sind wir heut!
Hurra, Germania, stolzes Weib!
Hurra, du große Zeit!
Hurra, hurra, hurra!
Hurra, Germania!

Mag kommen nun, was kommen mag:
Fest steht Germania!
Dies ist All-Deutschlands Ehrentag:
Nun weh dir, Gallia!
Weh, dass ein Räuber dir das Schwert
Frech in die Hand gedrückt!
Fluch ihm! Und nun für Heim und Herd

Das deutsche Schwert gezückt!
    Hurra, hurra, hurra!
    Hurra, Germania!

Für Heim und Herd, für Weib und Kind,
Für jedes teure Gut,
Dem wir bestellt zu Hütern sind
Vor fremdem Frevelmut!
Für deutsches Recht, für deutsches Wort,
Für deutsche Sitt und Art –
Für jeden heilgen deutschen Hort,
Hurra, zur Kriegesfahrt!
    Hurra, hurra, hurra!
    Hurra, Germania!

Auf, Deutschland, auf, und Gott mit dir!
Ins Feld! Der Würfel klirrt!
Wohl schnürt's die Brust uns, denken wir
Des Bluts, das fließen wird!
Dennoch das Auge kühn empor!
Denn siegen wirst du ja:
Groß, herrlich, frei, wie nie zuvor!
Hurra, Germania!
    Hurra, Viktoria!
    Hurra, Germania!

(25. 7. 1870)

[Im Juli 1870 war der Deutsch-Französische Krieg ausgebrochen. Frankreich hatte nach der von Bismarck lancierten ›Emser Depesche‹ (13. 7. 1870) am 19. 7. 1870 Preußen den Krieg erklärt.]

Schon Walther von der Vogelweide schwärmte, ohne Kriegeslust:

Walther von der Vogelweide

Ir sult sprechen willekomen:
der iu mære bringet, daz bin ich.
Allez daz ir habt vernomen,
daz ist gar ein wint: nû frâget mich.
Ich wil aber miete:
wirt mîn lôn iht guot,
ich gesage iu lîhte daz iu sanfte tuot.
seht waz man mir êren biete.

Ich wil tiuschen frouwen sagen
solhiu mære daz si deste baz
Al der werlte suln behagen:
âne grôze miete tuon ich daz.
Waz wold ich ze lône?
si sint mir ze hêr.
sô bin ich gefüege und bite si nihtes mêr
wan daz si mich grüezen schône.

Ich hân lande vil gesehen
unde nam der besten gerne war:
Übel müeze mir geschehen,
kunde ich ie mîn herze bringen dar
Daz im wol gevallen
wolde fremeder site.
nû waz hulfe mich, ob ich unrehte strite?
tiuschiu zuht gât vor in allen.

Von der Elbe unz an den Rîn
und her wider unz an Ungerlant
Mugen wol die besten sîn,
die ich in der werlte hân erkant.
Kan ich rehte schouwen
guot gelâz unt lîp,
sem mir got, sô swüere ich wol daz hie diu wîp
bezzer sint danne ander frouwen.

Tiusche man sint wol gezogen,
rehte als engel sint diu wîp getân.
Swer si schildet, derst betrogen:
ich enkan sîn anders niht verstân.
Tugent und reine minne,
swer die suochen wil,
der sol komen in unser lant: da ist wünne vil!
lange müeze ich leben dar inne!

Der ich vil gedienet hân
und iemer mêre gerne dienen wil,
Diust von mir vil unerlân.
iedoch sô tuot si leides mir sô vil.
Si kan mir versêren
herze und den muot.
nû vergebez ir got dazs an mir missetuot.
her nâch mac si sichs bekêren.

Übersetzung

Ihr sollt mir ein Willkommen sagen:
denn der Euch Neues bringt, das bin ich!
Alles was Ihr bisher gehört

ist ein Nichts: jetzt aber fragt mich!
Freilich verlange ich Botenlohn.
Fällt er einigermaßen reichlich aus,
werd ich Euch wohl verkünden was Euch Freude macht.
Seht zu was Ihr mir Ansehnliches zu bieten habt.

Ich will deutschen edlen Frauen
solches Loblied singen,
daß sie umso strahlender vor aller Welt dastehen werden.
Und natürlich will ich nicht groß belohnt werden.
Was denn könnte ich mir wünschen?
Sie stehen ja so hoch über mir.
So bin ich brav, und bitte sie um nicht mehr
als daß sie mir freundlich entgegenkommen.

Ich habe viele Länder bereist
und mich immer bemüht, die Besten kennenzulernen.
Alles Böse soll mich treffen,
könnte ich je mein Herz dazu bewegen,
daß ihm ausländische Sitte und Art
wohlgefielen.
Was nützte es mir, für falsche Behauptungen zu streiten?
Deutsche Lebensart und Bildung übertrifft sie alle.

Von der Elbe bis zum Rhein
und wieder hierher bis an Ungarns Grenze,
da leben gewiß die Besten
die ich je fand in der Welt.
Versteh ich mich recht auf die Beurteilung
von gutem Benehmen und Schönheit –
bei Gott, ich möchte wohl schwören daß hier die Frauen
besser sind als anderwärts.

Deutsche Männer sind wohlgebildet,
und recht wie die Engel sehen die Frauen aus.
Wer sie schmäht, der ist nicht bei Verstand –
anders kann ich ihn nicht verstehen.
Wer Reinheit des Wesens und der Liebe
finden will,
der möge in unser Land kommen: da ist alle Herrlichkeit!
Möchte ich ewig darin leben!

Sie, deren Dienst ich mich ganz hingegeben habe
und der ich mit Freuden immer dienen will,
sie gebe ich durchaus nicht frei.
Indessen, sie fügt mir nur Schmerz zu.
Denn sie weiß mir zu verletzen
Herz und Sinn.
Vergebe es ihr Gott, was sie an mir sündigt.
In Zukunft kann sie ja darin anderen Sinnes werden.

(Peter Wapnewski)

So hallte es nach im später dann amtlich gewordenen *Lied der Deutschen* von August Heinrich Hoffmann, der sich nach seinem Geburtsort »von Fallersleben« nannte, in jenem damals noch nicht chauvinistisch durchtränkten, sondern auf Einheit und Einigkeit zielenden »Deutschland, Deutschland über alles«.

August Heinrich Hoffmann (von Fallersleben)

DAS LIED DER DEUTSCHEN

Helgoland 26. August 1841

Deutschland, Deutschland über alles,
Über alles in der Welt,
Wenn es stets zu Schutz und Trutze
Brüderlich zusammenhält,
Von der Maas bis an die Memel,
Von der Etsch bis an den Belt –
Deutschland, Deutschland über alles,
Über alles in der Welt!

Deutsche Frauen, deutsche Treue,
Deutscher Wein und deutscher Sang
Sollen in der Welt behalten
Ihren alten schönen Klang,
Uns zu edler Tat begeistern
Unser ganzes Leben lang –
Deutsche Frauen, deutsche Treue,
Deutscher Wein und deutscher Sang!

Einigkeit und Recht und Freiheit
Für das deutsche Vaterland!
Danach lasst uns alle streben

Brüderlich mit Herz und Hand!
Einigkeit und Recht und Freiheit
Sind des Glückes Unterpfand –
Blüh im Glanze dieses Glückes,
Blühe, deutsches Vaterland!

Und immerfort das Leiden an Deutschland, an seinen Defiziten: dem Mangel an Freiheit, dem Hang zur Zwietracht und der nicht gelingenden Einheit, auch am Wahn deutsch-gefüllter Leitbilder, schon 1819:

Friedrich Rückert
Grammatische Deutschheit

Neulich deutschten auf deutsch vier deutsche Deutschlinge deutschend,
Sich überdeutschend am Deutsch, welcher der deutscheste sei.
Vier deutschnamig benannt: Deutsch, Deutscherig, Deutscherling, Deutschdich:
Selbst so hatten zu deutsch sie sich die Namen gedeutscht.
Jetzt wettdeutschten sie, deutschend in grammatikalischer Deutschheit,
Deutscheren Komparativ, deutschesten Superlativ.
»Ich bin deutscher als deutsch.« »Ich deutscherer.« »Deutschester bin ich.«
»Ich bin der Deutschereste oder der Deutschestere.«
Drauf durch Komparativ und Superlativ fortdeutschend,
Deutschten sie auf bis zum – Deutschesteresteresten,
Bis sie vor komparativisch- und superlativischer Deutschung
Den Positiv von deutsch hatten vergessen zuletzt.

Heinrich Heine

Zur Beruhigung

Wir schlafen ganz, wie Brutus schlief –
Doch jener erwachte und bohrte tief
In Cäsars Brust das kalte Messer!
Die Römer waren Tyrannenfresser.

Wir sind keine Römer, wir rauchen Tabak.
Ein jedes Volk hat seinen Geschmack,
Ein jedes Volk hat seine Größe;
In Schwaben kocht man die besten Klöße.

Wir sind Germanen, gemütlich und brav,
Wir schlafen gesunden Pflanzenschlaf,
Und wenn wir erwachen, pflegt uns zu dürsten,
Doch nicht nach dem Blute unserer Fürsten.

Wir sind so treu wie Eichenholz,
Auch Lindenholz, drauf sind wir stolz;
Im Land der Eichen und der Linden
Wird niemals sich ein Brutus finden.

Und wenn auch ein Brutus unter uns wär,
Den Cäsar fänd er nimmermehr,
Vergeblich würd er den Cäsar suchen;
Wir haben gute Pfefferkuchen.

Wir haben sechsunddreißig Herrn
(Ist nicht zu viel!), und einen Stern
Trägt jeder schützend auf seinem Herzen,
Und er braucht nicht zu fürchten die Iden des
Märzen.

Wir nennen sie Väter, und Vaterland
Benennen wir dasjenige Land,
Das erbeigentümlich gehört den Fürsten;
Wir lieben auch Sauerkraut mit Würsten.

Wenn unser Vater spazieren geht,
Ziehn wir den Hut mit Pietät;
Deutschland, die fromme Kinderstube,
Ist keine römische Mördergrube.

Johannes R. Becher

Deutschland, meine Trauer

Heimat, meine Trauer,
Land im Dämmerschein –
Himmel, du mein blauer,
Du, mein Fröhlichsein.

Einmal wird es heißen:
Als du warst verkannt,
Wurde, dich zu preisen,
Dir ein Lied gesandt.

War, um dich zu einen,
Dir ein Lied geweiht,
Und mit dir zu weinen
In der Dunkelheit …

Himmel schien, ein blauer,
Friede kehrte ein –
Deutschland, meine Trauer,
Du, mein Fröhlichsein.

Welche Qual mit dem, was als Nationalhymne gelten und anerkannt sein könnte! Verse über Deutschland in Fülle – und auch lockeres Spiel mit bekannten Formeln in ironischer Collage. Und weil ein zunächst hoch offizieller Text von 1949 den Gedanken der Einigung Deutschlands bewahrte, durfte er später nicht mehr gesungen werden; nur die zugehörige Musik Hanns Eislers wurde noch als Hymne gespielt:

Johannes R. Becher
Nationalhymne der Deutschen Demokratischen Republik

Auferstanden aus Ruinen
Und der Zukunft zugewandt,
Laß uns dir zum Guten dienen,
Deutschland, einig Vaterland.
Alte Not gilt es zu zwingen,
Und wir zwingen sie vereint,
Denn es muß uns doch gelingen,
Daß die Sonne schön wie nie
Über Deutschland scheint.

Glück und Friede sei beschieden
Deutschland, unsrem Vaterland!
Alle Welt sehnt sich nach Frieden!
Reicht den Völkern eure Hand.
Wenn wir brüderlich uns einen,
Schlagen wir des Volkes Feind.
Laßt das Licht des Friedens scheinen,
Daß nie eine Mutter mehr
Ihren Sohn beweint!

Laßt uns pflügen, laßt uns bauen,
Lernt und schafft wie nie zuvor,
Und der eignen Kraft vertrauend,
Steigt ein frei Geschlecht empor.
Deutsche Jugend, bestes Streben
Unsres Volks in dir vereint,
Wirst du Deutschlands neues Leben,
Und die Sonne schön wie nie
Über Deutschland scheint.

Bertolt Brecht

Kinderhymne

Anmut sparet nicht noch Mühe
Leidenschaft nicht noch Verstand.
Daß ein gutes Deutschland blühe
Wie ein andres gutes Land.

Daß die Völker nicht erbleichen
Wie vor einer Räuberin
Sondern ihre Hände reichen
Uns wie anderen Völkern hin.

Und nicht über und nicht unter
Andern Völkern wolln wir sein
Von der See bis zu den Alpen
Von der Oder bis zum Rhein.

Und weil wir dies Land verbessern
Lieben und beschirmen wir's
Und das liebste mag's uns scheinen
So wie andern Völkern ihrs.

Bernd Jentzsch

Verbotenes Lied

O Vaterland, o Vaterland.
Laß uns dir zum Guten dienen.
Einigkeit und Recht und Freiheit.
Brüderlich mit Herz und Hand.
Und das liebste mags uns scheinen,
So wie andern Völkern ihrs.
Und der Zukunft zugewandt.

(1978)

(Montage aus fünf Zitaten von drei deutschen Dichtern, deren Lieder in Deutschland / einem seiner Teile verboten waren / sind.)

Kurt Bartsch

Adolf Hitler ganz allein

Adolf Hitler, ganz allein
Baute er die Autobahn.
Keiner trug ihm einen Stein,
Keiner rührte Mörtel an.

Keiner half ihm, als den Krieg
Er vom Zaun gebrochen.
Dennoch dauerte der Krieg
Fast dreihundert Wochen.

Adolf Hitler, ganz allein
Hackte Holz, trug Kohlen,
Heizte dann die Öfen ein
In Auschwitz, fern in Polen.

Keiner hat es kommen sehn,
Jeder hielt sich ferne.
Alle ließen es geschehn,
Aber, ach, nicht gerne.

Adolf Hitler ganz allein
Mußte sich erschießen.
Außer ihm hatte kein Schwein
Einen Grund, zu büßen.

Edwin Wolfram Dahl

Notat
November Neunzehnhundertneunundachtzig

Erzähl von einem Land viergeteiltes zuerst
von einem Volk gespalten vierzig Jahr
Drei Teile hier sattüber waffenvoll
COCAlisiert COLAnisiert Gummiverkaut
Der andre Teil anständig nicht besser:
angepaßt vermauert volksarmiert arm
parolenverstopft Jetzt flüchten sie
ganz offiziell erlaubt bei echten
Tränen dort und nationalen hier
Guten Morgen Deutschland Die Hurrapresse
Bayern hortet Bananen Pornos
für die Ausreisewilligen
Wochenendwilligen Guten Abend
Deutschland Der Rütlischwur nahe
der Feldherrnhalle Eher den Tod als ...
November der neunte paßt gut ins BILD
Gute Nacht Deutschland wenn die Barden
gitarren zwischen West & Ost
Erzähl vergeßlich Volk von einem Land
auf das ich stolz zu Zorn gerührt nicht bin
weil es geteilt ist noch beschnitten
in seiner Reichsgröße Alle Deutschen
die Neunte werden Risikos den Nachbarn
Weil der Stierstall Europa Weil noch nicht
gezimmert Seine Türen noch ohne Glas
die Fenster Radarfallen die Keller
Raketensilos Und einige sind dabei
sich nicht einmischend einmischend
den Zweiten Weltkrieg zu gewinnen natovoll

Warschau Daumen nach unten Neue
Feindbilder her Lieber tot als rot werden
vor Anstand drüben noch Hier rotzen sie
Siegestränen übersatt waffentoll kotzen
Zinsen computerbesoffen sammeln ein
rechnen sich hoch: ein Volk ohne Raum
stimmen an heilscheinig liedervölkisch
den Sang vom deutschen Osten

[*Rütlischwur:* Schiller, »Wilhelm Tell« II2: »Wir wollen sein ein einzig Volk von Brüdern (...). Eher den Tod, als in der Knechtschaft leben.« – *Feldherrnhalle:* 9. 11. 1923: beim Putschversuch Hitlers und Ludendorffs Demonstrationszug vor der Feldherrnhalle in München durch Maschinengewehrfeuer zerstreut; während des ›Dritten Reichs‹ dort ständige Ehrenwache. – *November der neunte:* 1918 Revolution in Berlin, Ausrufung der Republik; 1923 Putschversuch Hitlers und Ludendorffs; 1938 Ausschreitungen gegen Juden (›Reichskristallnacht‹); 1989 Öffnung der Grenzen von der DDR zur BRD und nach Westberlin. – *die Neunte:* Beethovens 9. Sinfonie mit dem Schlußchor »An die Freude.« – *Volk ohne Raum*: Titel eines Romans (1926) von Hans Grimm (1875–1959); politische Parole für den Gewinn neuen ›Lebensraums‹ im Osten.]

Karin Hempel-Soos
Volkstrauertag

erster mann gefallen 1918
kurz vor dem ende.
zweiter mann gefallen 1940
nahe am anfang.
erster sohn
in Afrikas wüste verschollen.
zweiter sohn
in Stalingrad vermisst
aber heimgekehrt nach dreizehn jahren
zehn jahre nach den bomben auf Dresden.

viel ist ihr nicht geblieben
das walte Gott einmal im jahr
will sie die männer feiern wie sie fallen.

Helga M. Novak

Lernjahre sind keine Herrnjahre

mein Vaterland hat mich gelehrt:
achtjährig
eine Panzerfaust zu handhaben
zehnjährig
alle Gewehrpatronen bei Namen zu nennen
fünfzehnjährig
im Stechschritt durch knietiefen Schnee
zu marschieren
siebzehnjährig
in eiskalter Mitternacht Ehrenwache
zu Stalins Tod zu stehen
zwanzigjährig
mit der Maschinenpistole gut zu treffen
dreiundzwanzigjährig
meine Mitmenschen zu denunzieren
sechsundzwanzigjährig
das Lied vom guten und schlechten
Deutschen zu singen

wer hat mich gelehrt
Nein zu sagen
und ein schlechter Deutscher zu sein?

Jürgen Rennert

Mein Land ist mir zerfallen

Mein Land ist mir zerfallen.
Sein' Macht ist abgetan.
Ich hebe, gegen allen
Verstand, zu klagen an.

Mein Land ist mir gewesen,
Was ich trotz seiner bin:
Ein welterfahrnes Wesen,
Mit einem Spalt darin.

Mein Land hat mich verzogen,
Und gehe doch nicht krumm.
Und hat mich was belogen,
Und bin doch gar nicht dumm.

Mein Land hat mich mit Wider-
Willn an die Brust gepreßt.
Und kam am Ende nieder
Mit mir, der es nicht läßt.

Mein Land trägt meine Züge,
Die Züge tragen mich.
Ich bin die große Lüge
Des Landes. (Wir meint: ich.)

(14. Januar 1990)

Ludwig Verbeek

FRÜHLING 1990

Die Grenze leuchtet
in besondrem Grün
die Schmerznaht der Systeme
der Kräftefelder Saum
Blutstatt und Todesraum

Schrapnell-
bestückter Femetraum
Tabu und Meuchelort
Thrombose-Arm der Nacht

Doch in dem Sumpf
von Bann und Tränen
ist Leben
vogel-
frei erblüht

Dies Stück Natur
im Stau der Macht
sei Storch und Kröte
dargebracht

Lutz Rathenow

Deutschland

Grüß Heil! Sieg Front! Rot Gott!
Ich liebe Herren, die Hunde beißen.
Hammer zerschlug Sichel. Ährenkranz,
Totentanz. Und nun das D-Mark-Leben.
Zu spät, zu früh, oh Jammerlust –
neuer Staat, neues Gedicht. Spiele,
ich spiele gern: zu-Zu-Zuversicht.

(Sommer 91)

Der am 26. August 1841 auf Helgoland das *Lied der Deutschen* schrieb, immerhin auf große, allzu große deutsche Einheit hoffend, Hoffmann (von Fallersleben), erlebte nach dem Deutsch-Französischen Krieg 1870/1871 die Gründerjahre, in denen durch die Milliardenzahlungen der französischen Reparationsleistungen ein gewaltiger wirtschaftlicher Aufschwung im Deutschen Reich erfolgte.

August Heinrich Hoffmann (von Fallersleben)

Gründers Mittagslied

Ich bin ein Gründer, froh und frisch,
Schon heute setz ich mich zu Tisch,
Als dürft ich weiter mich nicht quälen,
Als meine Zinsen nur zu zählen.

Gottlob, ich weiß mir selber Rat,
Nichts soll mich kümmern, Stadt noch Staat:
Dem Gründerleben treu ergeben,
Verschaff ich mir ein würdig Leben.

Was gehet *das* Verdienst mich an?
Nur *der* Verdienst ist noch mein Mann:
Ich will mir flechten selbst zum Lohne
Aus Aktien eine Bürgerkrone.

Diese Verse sind so aktuell wie die früheren Achim von Arnims und andere Spruchwahrheiten aus noch viel älterer Zeit.

Achim von Arnim

Der Welt Herr

Morgenstund hat Gold im Munde,
Denn da kommt die Börsenzeit
Und mit ihr die süße Kunde,
Die des Kaufmanns Herz erfreut:
Was er abends spekulieret,
Hat den Kurs heut regulieret.

Eilend ziehen die Kuriere
Mit dem kleinen Kursbericht,
Dass er *diese* Welt regiere,
Von der *andern* weiß ich's nicht:
Zitternd sehn ihn Potentaten,
Und es bricht das Herz der Staaten.

Friedrich von Logau

Heutige Weltkunst

Anders sein und anders scheinen:
Anders reden, anders meinen;
Alles loben, alles tragen,
Allen heucheln, stets behagen,
Allem Winde Segel geben,
Bös' und Guten dienstbar leben;
Alles Tun und alles Dichten
Bloß auf eignen Nutzen richten:
Wer sich dessen will befleißen,
Kann politisch heuer heißen.

Angelus Silesius (Johannes Scheffler)
Aus: Geistreiche Sinn- und Schlussreime

Zufall und Wesen

Mensch, werde wesentlich; denn wann die Welt vergeht,
So fällt der Zufall weg, das Wesen, das besteht.

Man weiss nicht, was man ist

Ich weiß nicht, was ich bin; ich bin nicht, was ich weiß;
Ein Ding und nit ein Ding, ein Stüpfchen und ein Kreis.

Die Gleichheit

Ich weiß nicht, was ich soll; es ist mir alles ein:
Ort, Unort, Ewigkeit, Zeit, Nacht, Tag, Freud und Pein.

Die Unruh kommt von dir

Nichts ist, das dich bewegt, du selber bist das Rad,
Das aus sich selbsten lauft und keine Ruhe hat.

Ohne Warum

Die Ros ist ohn Warum; sie blühet, weil sie blühet,
Sie acht' nicht ihrer selbst, fragt nicht, ob man sie siehet.

Ernst Stadler

Der Spruch

In einem alten Buche
  stieß ich auf ein Wort,
Das traf mich wie ein Schlag
  und brennt durch meine Tage fort:
Und wenn ich mich
  an trübe Lust vergebe,
Schein, Lug und Spiel zu mir
  anstatt des Wesens hebe,
Wenn ich gefällig mich
  mit raschem Sinn belüge,
Als wäre Dunkles klar, als wenn nicht Leben
  tausend wild verschlossne Tore trüge,
Und Worte wiederspreche,
  deren Weite nie ich ausgefühlt,
Und Dinge fasse,
  deren Sein mich niemals aufgewühlt,
Wenn mich willkommner Traum
  mit Sammethänden streicht,
Und Tag und Wirklichkeit
  von mir entweicht,
Der Welt entfremdet,
  fremd dem tiefsten Ich,
Dann steht das Wort mir auf:
  Mensch, werde wesentlich!

Hans Assmann von Abschatz

Wie ist die deutsche Welt in Neuigkeit ersoffen!
Man deckt und kleidet sich, man schreibet, singt und spricht,
Man reiset, schläft und isst, man reitet, tanzt und ficht
Nach neu erwählter Art. Wer Glück und Gunst will hoffen,
Muss sich in allem Tun der Neuigkeit bequemen,
Sonst wird ihn Überwitz mit Hohn und Spott beschämen.

Es bleibet nicht darbei: Man ändert auch die Sitten,
Der Kittel alter Treu und deutscher Redlichkeit
Ist unsrer Modewelt ein viel zu schlechtes Kleid,
Die junge Neuigkeit will überall gebieten.
Was Wunder, wenn nun auch in manchem deutschen Lande
Der neue vor will gehn dem alten Adelstande!

Das Alter wird veracht, das doch so viel' begehren:
Doch will ich lieber alt- als junggeboren sein.
Mit Aufgeld tauschet man die alten Münzen ein;
Der Firnewein gilt mehr, als der noch soll verjähren.
Man sieht die Aloe nach hundert Jahren blühen,
Der jungen Tulpe Pracht in kurzer Zeit entfliehen.

Magnus Gottfried Lichtwer

Der Mohr und der Weisse

Ein Mohr und Weißer zankten sich,
Der Weiße sprach zu dem Bengalen:
Wär ich wie du, ich ließe mich
Zeit meines Lebens niemals malen.

Besieh dein Pechgesichte nur,
Und sage mir, du schwarzes Wesen,
Ob dich die spielende Natur
Nicht uns zum Scheusal auserlesen?

Gut, sprach der Mohr, hat denn ihr Fleiß
Sich deiner besser angenommen?
Unausgebratner Naseweis,
Du bist noch ziemlich unvollkommen.

Die Welt, in der wir Menschen sind,
Gleicht einem ungeheuren Baume,
Darauf bist du, mein liebes Kind,
Die noch nicht reif gewordne Pflaume.

Sie zankten sich noch lange Zeit;
Und weil sich keiner geben wollte,
Beschlossen sie, dass ihren Streit
Ein kluger Richter schlichten sollte.

Als nun der Weiße Recht behielt,
Da sprach das schwarze Kind der Mohren:
Du siegst; ich habe hier verspielt,
In Tunis hättest du verloren.

*

So manches Land, so mancher Wahn,
Es kömmt bei allen Nationen
Der Vorzug auf den Ort mit an,
Schön ist, was da gilt, wo wir wohnen.

Ade nun, ihr Lieben

Joseph von Eichendorff

SEHNSUCHT

Es schienen so golden die Sterne,
Am Fenster ich einsam stand
Und hörte aus weiter Ferne
Ein Posthorn im stillen Land.
Das Herz mir im Leib entbrennte;
Da hab ich mir heimlich gedacht:
Ach, wer da mitreisen könnte
In der prächtigen Sommernacht!

Zwei junge Gesellen gingen
Vorüber am Bergeshang,
Ich hörte im Wandern sie singen
Die stille Gegend entlang:
Von schwindelnden Felsenschlüften,
Wo die Wälder rauschen so sacht,
Von Quellen, die von den Klüften
Sich stürzen in die Waldesnacht.

Sie sangen von Marmorbildern,
Von Gärten, die überm Gestein
In dämmernden Lauben verwildern,
Palästen im Mondenschein,
Wo die Mädchen am Fenster lauschen,
Wann der Lauten Klang erwacht
Und die Brunnen verschlafen rauschen
In der prächtigen Sommernacht.

Justinus Kerner

Wanderlied

Wohlauf! noch getrunken
Den funkelnden Wein!
Ade nun, ihr Lieben!
Geschieden muss sein.
Ade nun, ihr Berge,
Du väterlich Haus!
Es treibt in die Ferne
Mich mächtig hinaus.

Die Sonne, sie bleibet
Am Himmel nicht stehn,
Es treibt sie, durch Länder
Und Meere zu gehn.
Die Woge nicht haftet
Am einsamen Strand,
Die Stürme, sie brausen
Mit Macht durch das Land.

Mit eilenden Wolken
Der Vogel dort zieht
Und singt in der Ferne
Ein heimatlich Lied.
So treibt es den Burschen
Durch Wälder und Feld,
Zu gleichen der Mutter,
Der wandernden Welt.

Da grüßen ihn Vögel
Bekannt überm Meer,

Sie flogen von Fluren
Der Heimat hieher;
Da duften die Blumen
Vertraulich um ihn,
Sie treiben vom Lande
Die Lüfte dahin.

Die Vögel, die kennen
Sein väterlich Haus,
Die Blumen einst pflanzt' er
Der Liebe zum Strauß,
Und Liebe, die folgt ihm,
Sie geht ihm zur Hand:
So wird ihm zur Heimat
Das ferneste Land.

Wolfgang Hilbig

»LASST MICH DOCH«

laßt mich doch
laßt mich in kalte fremden gehen

zu hause
sink ich
in diesen warmen klebrigen brei
der kaum noch durchsichtig ist
der mich festhält der mich so
festhält

laßt mich in die einsame fremde
dort will ich um mich haun
mit meinem schatten fechten daß
hiebe pfeifen in wasserklarer luft
hier würgt mich stille
hier saugt zäher brei an meiner hand

laßt mich
wo die sicht klar ist
oder in steine in hohe steinwände in
mauern für meinen schädel – –

Kurt Tucholsky

LUFTVERÄNDERUNG

Fahre mit der Eisenbahn,
fahre, Junge, fahre!
Auf dem Deck vom Wasserkahn
wehen deine Haare.

Tauch in fremde Städte ein,
lauf in fremden Gassen;
höre fremde Menschen schrein,
trink aus fremden Tassen.

Flieh Betrieb und Telefon,
grab in alten Schmökern,
sieh am Seinekai, mein Sohn,
Weisheit still verhökern.

Lauf in Afrika umher,
reite durch Oasen;
lausche auf ein blaues Meer,
hör den Mistral blasen!

Wie du auch die Welt durchflitzt
ohne Rast und Ruh –:
Hinten auf dem Puffer sitzt
du.

Durs Grünbein
KOSMOPOLIT

Von meiner weitesten Reise zurück, anderntags
Wird mir klar, ich verstehe vom Reisen nichts.
Im Flugzeug eingesperrt, stundenlang unbeweglich,
Unter mir Wolken, die aussehn wie Wüsten,
Wüsten, die aussehn wie Meere, und Meere,
Den Schneewehen gleich, durch die man streift
Beim Erwachen aus der Narkose, sehe ich ein,
Was es heißt, über die Längengrade zu irren.

Dem Körper ist Zeit gestohlen, den Augen Ruhe.
Das genaue Wort verliert seinen Ort. Der Schwindel
Fliegt auf mit dem Tausch von Jenseits und Hier
In verschiedenen Religionen, mehreren Sprachen.
Überall sind die Rollfelder gleich grau und gleich
Hell die Krankenzimmer. Dort im Transitraum,
Wo Leerzeit umsonst bei Bewußtsein hält,
Wird ein Sprichwort wahr aus den Bars von Atlantis.

Reisen ist ein Vorgeschmack auf die Hölle.

Gottfried Benn

Reisen

Meinen Sie Zürich zum Beispiel
sei eine tiefere Stadt,
wo man Wunder und Weihen
immer als Inhalt hat?

Meinen Sie, aus Habana,
weiß und hibiskusrot,
bräche ein ewiges Manna
für Ihre Wüstennot?

Bahnhofstraßen und Rueen,
Boulevards, Lidos, Laan –
selbst auf den Fifth Avenueen
fällt Sie die Leere an.

Ach, vergeblich das Fahren!
Spät erst erfahren Sie sich:
bleiben und stille bewahren
das sich umgrenzende Ich.

Hans Magnus Enzensberger

Et ego

Diese tropischen Abende in Thessaloniki,
und die hellen Nächte am Ofotfjord –
weißt du noch?

Sicher weiß ich es noch.
Aber was war das schon,
verglichen mit dem Wochenende in Minnesota,
im Neuschnee versunken,
und mit dem Vollmond über Stockelsdorf-Krumbeck,
Post Pronstorf, Landkreis Bad Segeberg –
weißt du noch?

Sicher weiß ich es noch.
Aber ich weiß nicht mehr,
warum.

Matthias Politycki

Summe meiner Fehlfahrten

Auf den Kilimandscharo hinauf
(den Fudschi, den Feldberg, den Dschebel Musa),
in den Grand Canyon hinab gestiegen
(den Geiranger-Fjord, die Schluchten des Balkans),
jeden Tempel beklettert in Mandalay (Madras),
die Chinesische Mauer abgelaufen
bis an ihre beiden Enden (und den
kompletten Pfarrer-Krempl-Weg in Ottobrunn)

Auch in der Gobi hab' ich danach gegraben,
hab' meine Hände in Saharasand gesteckt,
und in der Zipfelmützenödnis Kappadokiens
entdeckte ich zumindest mal
einen Skorpion in meinem Schuh

Dann fuhr ich nach Finnland, auf die Faröer,
fuhr nach Brasilien, Burundi, nach Belgien,
und schließlich ging ich unter Wasser:
tauchte danach im Roten wie im Gelben Meer,
in der Karibik, im Kleinhesseloer See, im Indischen
Ozean

Doch wo ich auch suchte,
ich konnte und konnte und konnte's
nicht finden

Manfred Enzensperger

ORTE

whitby
oder scarborough
es ist immer derselbe ort
dieselben häfen kneipen früh
stückszimmer hotelkorridore und
das was ich beim hinschauen nicht
erblicke kenne ich die einen kenne
ich die anderen nicht wie die wörter
die sich jagen hinter den wörtern
ohne jemals zur ruhe zu kommen
nahtlos versiegelte stromlandschaft
es gibt keinen ort
und keinen brief von dir
ich versöhne mich
mit dem neuen tag und lasse es
die vögel wissen

Heinrich Heine

Himmel grau und wochentäglich!
Auch die Stadt ist noch dieselbe!
Und noch immer blöd und kläglich
Spiegelt sie sich in der Elbe.

Lange Nasen, noch langweilig
Werden sie wie sonst geschneuzet,
Und das duckt sich noch scheinheilig
Oder bläht sich, stolz gespreizet.

Schöner Süden! wie verehr ich
Deinen Himmel, deine Götter,
Seit ich diesen Menschenkehricht
Wiederseh, und dieses Wetter!

August Heinrich Hoffmann (von Fallersleben)

Michel-Enthusiast

Es wächst der Mensch
mit seinen höhern Zwecken.
Schiller

Es reist so mancher Philister
Ins Land Italia,
Auf dass er nachher sich rühme:
Auf Ehr, auch ich war da!

Zwar hat er des Ärgers nicht wenig
Und manchen großen Verdruss,
Und teuer muss er erkaufen
Den hochgepriesnen Genuss.

Doch nur ein deutscher Philister,
Der achtet nicht Hitz und Durst,
Nicht Maut und Passbeschwernis,
Es ist ihm alles Wurst.

Trotz glühendem Scirocco,
Trotz drückendem Sonnenschein
Spaziert er zu allen Ruinen,
Zu allen Villen hinein.

Er geht in alle Kirchen,
In alle Galerien
Und lässt sich vom Servidore
Wie ein Bär am Seile ziehn.

Noch spät am Abend besteigt er
Ganz müde die steilsten Höhn
Und spricht, vom Schweiße triefend:
Italien ist doch schön!

Anton G. Leitner

Kanarische Sicht, Weise

Für Christoph Fikenscher

Luft. Spiegelungen
Vielleicht

Bewegt der
Ozean träges

Blau in Wellen zum
Himmel oder der

Himmel abgestandenes
Blau zum

Meer? Wasser, aber
Das Wasser

Verdurstet an
Land.

Ralf Thenior
Gran Canaria

Nein ganz herrlich ganz
wunderbar also jeden Tag
Sonne und baden natürlich
auch jeden Tag schon also
fast jeden Tag und ganz
sauber alles die Leute sind
ja so arm da sie machen
sich keinen Begriff in dem
Dorf gibt's kein fließend
Wasser keine Elektrizität
nichts und die Frauen waschen
noch am Bach aufm Stein aber
sehr sauber alles und zehn
Kilometer weiter fangen die
Bungalows und die Hotel-
hochhäuser an aber wenn sie
fahren auf jeden Fall drei
Wochen zwei Wochen lohnt sich
nicht eine Woche braucht man
um sich einzugewöhnen die
erste Woche da wollten wir
am liebsten wieder nach Haus

Helmut Heißenbüttel

BREMEN WODU

wodu
was
wodu
was
woduwarst
wo
duwarst
inBremennatürlich
under
undwas
warder
warderwas
wardermit
inBremen
wardermitinBremen
jaderwarmitinBremen
undsie
undwas
wardiemit
diewarauchmit
diewarauchmitinBremen
jadiewarauchmitinBremen

undda
unddawas
unddawartihrallezusammen
inBremen
unddawartihrallezusammeninBremen
janatürlich

inBremen
janatürlichwarenwirallezusammeninBremen
unddahabtihrdas
habenwirwas
obihrdasdagetanhabtmeinich
obwirdasdagetanhabenmeinstdu
obihrdasallezusammengetanhabtmeinich
obwirdasallezusammengetanhabenmeinstdu
obihrdasallezusammeninBremengetanhabt
weißtdudasdennnicht
wasweißichnicht
daßwirdasda
daßihrdasdagetanhabt
jadaßwirdasallezusammengetanhaben
allezusammen
jadahabenwirdasallezusammengetan
inBremen
jadahabenwirdasallezusammeninBremengetan

unddassokurzvorWeihnachten

Leben erzählen

Guntram Vesper

Landmeer

Wir dürfen unser
Leben
nicht beschreiben, wie wir es
gelebt haben
sondern müssen es
so leben
wie wir es erzählen werden:
Mitleid
Trauer und Empörung.

Hans Georg Bulla

Leben erzählen

Bleibt mir kein Platz
kein Sand kein Flecken
Erde Himmel wohin ich
kann zurück für einen
Anfang von Geschichten
die Geschichten erzählen
erzählen von einer Hand-
voll Leben Handvoll Jahr-
zehnte anfangen verlaufen
leben ins Ende offen.

Friedrich Hölderlin

Lebenslauf

Größers wolltest auch du, aber die Liebe zwingt
All uns nieder, das Leid beuget gewaltiger,
Doch es kehret umsonst nicht
Unser Bogen, woher er kommt.

Aufwärts oder hinab! herrschet in heil'ger Nacht,
Wo die stumme Natur werdende Tage sinnt,
Herrscht im schiefesten Orkus
Nicht ein Grades, ein Recht noch auch?

Dies erfuhr ich. Denn nie, sterblichen Meistern gleich,
Habt ihr Himmlischen, ihr Alleserhaltenden,
Daß ich wüßte, mit Vorsicht
Mich des ebenen Pfads geführt.

Alles prüfe der Mensch, sagen die Himmlischen,
Daß er, kräftig genährt, danken für Alles lern',
Und verstehe die Freiheit,
Aufzubrechen, wohin er will.

Annette von Droste-Hülshoff
Am Turme

Ich steh auf hohem Balkone am Turm,
Umstrichen vom schreienden Stare,
Und lass gleich einer Mänade den Sturm
Mir wühlen im flatternden Haare;
O wilder Geselle, o toller Fant,
Ich möchte dich kräftig umschlingen,
Und, Sehne an Sehne, zwei Schritte vom Rand
Auf Tod und Leben dann ringen.

Und drunten seh ich am Strand, so frisch
Wie spielende Doggen, die Wellen
Sich tummeln rings mit Geklaff und Gezisch,
Und glänzende Flocken schnellen.
O, springen möcht' ich hinein alsbald,
Recht in die tobende Meute,
Und jagen durch den korallenen Wald
Das Walross, die lustige Beute!

Und drüben seh ich ein Wimpel wehn
So keck wie eine Standarte,
Seh auf und nieder den Kiel sich drehn
Von meiner luftigen Warte;
O, sitzen möcht' ich im kämpfenden Schiff,
Das Steuerruder ergreifen,
Und zischend über das brandende Riff
Wie eine Seemöwe streifen.

Wär' ich ein Jäger auf freier Flur,
Ein Stück nur von einem Soldaten,

Wär' ich ein Mann doch mindestens nur,
So würde der Himmel mir raten,
Nun muss ich sitzen so fein und klar,
Gleich einem artigen Kinde,
Und darf nur heimlich lösen mein Haar
Und lassen es flattern im Winde.

Charlotte Christoff

Für die Droste

Müßte ich nicht vierspännig
zu dir kommen wie
ein Postillon der fürchtete
das Moor zöge ihn hinab

Müßte dich nicht suchen *confuse*
Zeitrechnerin von deinen
Seraphsflügeln fortgetragen durch
alle Tapetentüren deiner Träume

Kämpfte mich nicht vergeblich durch
dein Schreibgestrüpp wortauf wort-
ab deine Stimme aber fänd ich
unfehlbar vom Garten aus riefst

Du nach Jenny spröde
riefst du und der Welt
auf einmal nicht mehr sicher
Nette würdest du dann hören

Von mir ich bin da wo
du mich suchst nur deine
Seraphsflügel die geschundenen
ob die uns noch tragen Nette

Ursula Krechel

Umsturz

Von heut an stell ich meine alten Schuhe
nicht mehr ordentlich neben die Fußnoten
häng den Kopf beim Denken
nicht mehr an den Haken
freß keine Kreide. Hier die Fußstapfen
im Schnee von gestern, vergeßt sie
ich hust nicht mehr mit Schalldämpfer
hab keinen Bock
meine Tinte mit Magermilch zu verwässern
ich hock nicht mehr im Nest, versteck
die Flatterflügel, damit ihr glauben könnt
ihr habt sie mir gestutzt. Den leeren Käfig
stellt mal ins historische Museum
Abteilung Mensch weiblich.

Ursula Krechel

Pathetisch erleuchtete Hausfrau

Nachts lauern ihr Dinge auf
Lampenfüße treten ans Schienbein, Äpfel rollen
übers Parkett. Die Telephonschnur ringelt sich.
Wer kommt, bekennt sich als verwandt.

Nachts stoßen Dinge an sie. Sie stößt zurück
stößt Staubwedel ins Elend. Ein Jammerlappen
verläßt das Haus pünktlich um acht.
Freie Bahn der tüchtigen Spülbürste, freie Fahrt
für frohe Feiertage, anderswo.
In der Backröhre fastet ein Pfau.
Fahnenflüchtige Fasane machen Rast
reiben sich am Schienbein der Hausfrau
Hast ist ein schlechter Gast
Rabenmütter besänftigen Rabenkinder
Federn lassen die Dinge, wenn sie
nicht darben donnerstags – dann
hat sich ein Däumling angesagt.
Wer kommt, geht wieder. Anstandslos.
Große Dinge, die nicht geschehen, ernüchtern.

Tina Stroheker

Einer aus Ulm

(zu Albrecht Berblinger)

Als hätte es einen Grund gegeben
für ihr Gelächter.

Ich an seiner Stelle wäre
einfach nicht wieder aufgetaucht
hätte mich treiben lassen
die Donau hinunter
vorbei an der Friedrichsau
nach Thalfingen oder weiter.

Aber das Flügelwerk
um den Körper gespannt
mit Riemen und Hartnäckigkeit
das Gewicht seiner Hoffnung.

Der Startplatz an der Adlerbastei
mein Gesicht im Wind, Richtung Wasser.

Kann einer sich mit den Vögeln verbrüdern?
Nein, gilften die Möwen
doch, schrie ich zurück.

Mehr ihm zuliebe –
wen überzeugt Drachenflug
ganz? Bleibt ein Rest
das Entscheidende. Blieb:
Meine Bewunderung
für den tapferen Schneider
Trauer, etwas wie Schuld.

Bertolt Brecht

Ulm 1592

Bischof, ich kann fliegen
Sagte der Schneider zum Bischof.
Paß auf, wie ich's mach!
Und er stieg mit so 'nen Dingen
Die aussahn wie Schwingen
Auf das große, große Kirchendach.
Der Bischof ging weiter.
Das sind lauter so Lügen
Der Mensch ist kein Vogel
Es wird nie ein Mensch fliegen
Sagte der Bischof vom Schneider.

Der Schneider ist verschieden
Sagten die Leute dem Bischof.
Es war eine Hatz.
Seine Flügel sind zerspellet
Und er liegt zerschellet
Auf dem harten, harten Kirchenplatz.
Die Glocken sollen läuten
Es waren nichts als Lügen
Der Mensch ist kein Vogel
Es wird nie ein Mensch fliegen
Sagte der Bischof den Leuten.

Friederike Mayröcker

AN EINE MOHNBLUME MITTEN IN DER STADT

aus meinen Köpfen sprieszt
das Feuerwerk der Tränen, der
Flieder rostet, der Liguster
weht, die Camouflage des
Sommers läszt Gewitter ahnen –
Wolfsmilch besamt die Flur, die
Stare fallen, Mücken
flirren im Dorngebüsch, das
abgewelkte Blühen einer
Wolke von erbsengrüner Kirschenfrucht
gekrönt –
samt aufgeprägten kaiserlichen
Doppeladlern – Portraits auf roten Ziegeln – bröckelt
die Friedhofsmauer ab
gestützt nur noch von immergrünen
Efeuranken –
im Aufwind flügelschlagend
steht
raubvogelgleich mein Herz nach Beute äugend

Marie Luise Kaschnitz

Nicht gesagt

Nicht gesagt
Was von der Sonne zu sagen gewesen wäre
Und vom Blitz nicht das einzig Richtige
Geschweige denn von der Liebe.

Versuche. Gesuche. Mißlungen
Ungenaue Beschreibung

Weggelassen das Morgenrot
Nicht gesprochen vom Sämann
Und nur am Rande vermerkt
Den Hahnenfuß und das Veilchen.

Euch nicht den Rücken gestärkt
Mit ewiger Seligkeit

Den Verfall nicht geleugnet
Und nicht die Verzweiflung

Den Teufel nicht an die Wand
Weil ich nicht an ihn glaube
Gott nicht gelobt
Aber wer bin ich daß

Hilde Domin

Mit leichtem Gepäck

Gewöhn dich nicht.
Du darfst dich nicht gewöhnen.
Eine Rose ist eine Rose.
Aber ein Heim
ist kein Heim.

Sag dem Schoßhund Gegenstand ab
der dich anwedelt
aus den Schaufenstern.
Er irrt. Du
riechst nicht nach Bleiben.

Ein Löffel ist besser als zwei.
Häng ihn dir um den Hals,
du darfst einen haben,
denn mit der Hand
schöpft sich das Heiße zu schwer.

Es liefe der Zucker dir durch die Finger,
wie der Trost,
wie der Wunsch,
an dem Tag
da er dein wird.

Du darfst einen Löffel haben,
eine Rose,
vielleicht ein Herz
und, vielleicht,
ein Grab.

Wilhelm Busch

Mein Lebenslauf

Mein Lebenslauf ist bald erzählt.
In stiller Ewigkeit verloren
Schlief ich, und nichts hat mir gefehlt,
Bis dass ich sichtbar ward geboren.
Was aber nun? – Auf schwachen Krücken,
Ein leichtes Bündel auf dem Rücken,
Bin ich getrost dahingeholpert,
Mitunter grad, mitunter krumm,
Und schließlich musst ich mich verschnaufen.
Bedenklich rieb ich meine Glatze
Und sah mich in der Gegend um.
O weh! Ich war im Kreis gelaufen,
Stand wiederum am alten Platze,
Und vor mir dehnt sich lang und breit,
Wie ehedem, die Ewigkeit.

Theodor Fontane

Würd es mir fehlen, würd ichs vermissen?

Heute früh, nach gut durchschlafener Nacht,
Bin ich wieder aufgewacht.
Ich setzte mich an den Frühstückstisch,
Der Kaffee war warm, die Semmel war frisch,
Ich habe die Morgenzeitung gelesen
(Es sind wieder Avancements gewesen)
Ich trat ans Fenster, ich sah hinunter,
Es trabte wieder, es klingelte munter,
Eine Schürze (beim Schlächter) hing über dem Stuhle,
Kleine Mädchen gingen nach der Schule, –
Alles war freundlich, alles war nett,
Aber wenn ich weiter geschlafen hätt
Und tät von alledem nichts wissen,
Würd es mir fehlen, würd ichs vermissen?

Jörg Fauser

Metzgerei
oder: A Man Can Be Destroyed And Defeated

Heut abend in der Metzgerei
stand ein alter Mann vor mir
fadenscheiniger Wintermantel
eine Warze im Genick
schwärzlicher Rand am Hemdkragen
ausgetretene Halbschuhe
Reste von Ohropax in den Ohren
verknorpelte Hände
an eine Plastiktüte geklammert
und als er an der Reihe war
bestellte er mit leiser Stimme
50 Gramm Blutwurst
50 Gramm Sülze
und eine Flasche Vollbier
zahlte zögernd aus einer abgewetzten Börse
und ging rasch und ohne Gruß
in seinen Winter

und mir wurde plötzlich klar
wie sie alt
und besiegt und vernichtet sind
meine Väter

Dagmar Nick

Geh über Nacht

Schlage die Tür zu
und vergrabe den Schlüssel
in keiner Erinnerung.
Nimm keinen Abschied.
Du hast deine Hoffnung
getränkt mit Galle:
jetzt steht der Schierling
mannshoch.

Schlage den Weg ein,
den du vergessen wirst.
Geh über Nacht.
Nimm Aufenthalt,
wo du nicht bleiben wirst,
decke dich zu
mit dem Schatten der Sterne.
Gib keine Antwort.

Liebe denkt in süßen Tönen

Matthias Claudius

Die Liebe

Die Liebe hemmet nichts; sie kennt nicht Tür noch Riegel
    Und dringt durch alles sich;
Sie ist ohn' Anbeginn, schlug ewig ihre Flügel,
    Und schlägt sie ewiglich.

Johann Wolfgang von Goethe

Woher sind wir geboren?
Aus Lieb.
Wie wären wir verloren?
Ohn Lieb.
Was hilft uns überwinden?
Die Lieb.
Kann man auch Liebe finden?
Durch Lieb.
Was lässt nicht lange weinen?
Die Lieb.
Was soll uns stets vereinen?
Die Lieb.

[aus einem Brief an Charlotte von Stein, etwa 28. 6. 1786]

Ludwig Tieck

Liebe denkt in süßen Tönen,
Denn Gedanken stehn zu fern,
Nur in Tönen mag sie gern
Alles, was sie will, verschönen.

Wenn im tiefen Schmerz verloren
Alle Geister in mir klagen
Und gerührt die Freunde fragen:
»Welch ein Leid ist dir geboren?«
Kann ich keine Antwort sagen,
Ob sich Freuden wollen finden,
Leiden in mein Herz gewöhnen,
Geister, die sich liebend binden,
Kann kein Wort niemals verkünden,
Liebe denkt in süßen Tönen.

Warum hat Gesangessüße
Immer sich von mir geschieden?
Zornig hat sie mich vermieden,
Wie ich auch die Holde grüße.
So geschieht es, dass ich büße,
Schweigen ist mir vorgeschrieben,
Und ich sagte doch so gern,
Was dem Herzen sei sein Lieben,
Aber stumm bin ich geblieben,
Denn Gedanken stehn zu fern.

Ach, wo kann ich doch ein Zeichen,
Meiner Liebe ewges Leben

Mir nur selber kundzugeben,
Wie ein Lebenswort erreichen?
Wenn dann alles will entweichen,
Muss ich oft in Trauer wähnen,
Liebe sei dem Herzen fern.
Dann weckt sie das tiefste Sehnen,
Sprechen mag sie nur in Tränen,
Nur in Tönen mag sie gern.

Will die Liebe in mir weinen,
Bringt sie Jammer, bringt sie Wonne,
Will sie Nacht sein oder Sonne,
Sollen Glückessterne scheinen?
Tausend Wunder sich vereinen:
Ihr Gedanken schweiget stille,
Denn die Liebe will mich krönen,
Und was sich an mir erfülle,
Weiß ich das, es wird ihr Wille
Alles, was sie will, verschönen.

Karoline von Günderrode

Die eine Klage

Wer die tiefste aller Wunden
Hat in Geist und Sinn empfunden,
Bittrer Trennung Schmerz;
Wer geliebt, was er verloren,
Lassen muss, was er erkoren,
Das geliebte Herz,

Der versteht in Lust die Tränen
Und der Liebe ewig Sehnen,
Eins in Zwei zu sein,
Eins im andern sich zu finden,
Dass der Zweiheit Grenzen schwinden
Und des Daseins Pein.

Wer so ganz in Herz und Sinnen
Konnt ein Wesen liebgewinnen,
O! den tröstet's nicht,
Dass für Freuden, die verloren,
Neue werden neu geboren:
Jene sind's doch nicht.

Das geliebte süße Leben,
Dieses Nehmen und dies Geben,
Wort und Sinn und Blick,
Dieses Suchen und dies Finden,
Dieses Denken und Empfinden
Gibt kein Gott zurück.

Johann Wolfgang von Goethe

Selige Sehnsucht

Sagt es niemand, nur den Weisen,
Weil die Menge gleich verhöhnet,
Das Lebend'ge will ich preisen,
Das nach Flammentod sich sehnet.

In der Liebesnächte Kühlung,
Die dich zeugte, wo du zeugtest,
Überfällt dich fremde Fühlung,
Wenn die stille Kerze leuchtet.

Nicht mehr bleibest du umfangen
In der Finsternis Beschattung,
Und dich reißet neu Verlangen
Auf zu höherer Begattung.

Keine Ferne macht dich schwierig,
Kommst geflogen und gebannt,
Und zuletzt, des Lichts begierig,
Bist du, Schmetterling, verbrannt.

Und solang du das nicht hast,
Dieses: Stirb und werde!
Bist du nur ein trüber Gast
Auf der dunklen Erde.

Ricarda Huch

Uralter Worte kundig kommt die Nacht;
Sie löst den Dingen Rüstung ab und Bande,
Sie wechselt die Gestalten und Gewande
Und hüllt den Streit in gleiche braune Tracht.

Da rührt das steinerne Gebirg sich sacht
Und schwillt wie Meer hinüber in die Lande.
Der Abgrund kriecht verlangend bis zum Rande
Und trinkt der Sterne hingebeugte Pracht.

Ich halte dich und bin von dir umschlossen,
Erschöpfte Wandrer wiederum zu Haus;
So fühl ich dich in Fleisch und Blut gegossen,

Von deinem Leib und Leben meins umkleidet.
Die Seele ruht von langer Sehnsucht aus,
Die eins vom andern nicht mehr unterscheidet.

Else Lasker-Schüler

Ein Liebeslied

Komm zu mir in der Nacht – wir schlafen
engverschlungen.
Müde bin ich sehr, vom Wachen einsam.
Ein fremder Vogel hat in dunkler Frühe schon ge-
sungen,
Als noch mein Traum mit sich und mir gerungen.

Es öffnen Blumen sich vor allen Quellen
Und färben sich mit deiner Augen Immortellen .....

Komm zu mir in der Nacht auf Siebensternen-
schuhen
Und Liebe eingehüllt spät in mein Zelt.
Es steigen Monde aus verstaubten Himmelstruhen.

Wir wollen wie zwei seltene Tiere liebesruhen
Im hohen Rohre hinter dieser Welt.

Rudolf G. Binding

LIEBE

Nun stehn die Hirsche still auf dunklen Schneisen,
die Löwen stehen still im Felsentor;
nun schweigen Nachtigallen ihrer Weisen
und Sterne, Sterne hören auf zu kreisen
und aus den Sonnen tritt kein Tag hervor.

In gleiche Nacht sind wir nun eingetaucht,
in gleichen Tag und wieder Tag und Nacht,
ein gleiches Sterben hat uns angehaucht,
zwei Leben sind im Augenblick verraucht
und gleiches Wissen hat uns stumm gemacht.

Es ist als ob die Welt sanft von uns wich –.
Die Löwen stehen still im Felsentor
und Sterne, Sterne – Mond und Stern verblich
und alles starb, als du und ich
und ich und du sich Herz in Herz verlor.

Manfred Hausmann

Liebe

Wenn wir uns nicht mehr haben und uns sehnen,
dann ist's, als hätten wir uns endlich ganz.
Doch wenn wir nahe sind und uns geborgen wähnen,
verdunkelt sich die Lust, verblaßt der Glanz.

Die Ferne ist es nicht und nicht die Nähe.
Ach, immer lebt das Innigste allein.
Laß uns, wie gut es auch, wie schlimm es um uns stehe,
laß uns barmherzig zueinander sein.

Bertolt Brecht

Als ich nachher von dir ging
An dem großen Heute
Sah ich, wie ich sehn anfing
Lauter lustige Leute.

Und seit jener Abendstund
Weißt schon, die ich meine
Hab ich einen schönern Mund
Und geschicktere Beine.

Grüner ist, seit ich so fühl
Baum und Strauch und Wiese
Und das Wasser schöner kühl
Wenn ich's auf mich gieße.

*

Wenn du mich lustig machst
Dann denk ich manchmal:
Jetzt könnt ich sterben
Dann war ich glücklich
Bis an mein End.

Wenn du dann alt bist
Und du an mich denkst
Seh ich wie heut aus
Und hast ein Liebchen
Das ist noch jung.

*

Sieben Rosen hat der Strauch
Sechs gehörn dem Wind
Aber eine bleibt, daß auch
Ich noch eine find.

Sieben Male ruf ich dich
Sechsmal bleibe fort
Doch beim siebten Mal, versprich
Komme auf mein Wort.

*

Die Liebste gab mir einen Zweig
Mit gelbem Laub daran.
Das Jahr, es geht zu Ende
Die Liebe fängt erst an.

Ulla Hahn

Winterlied

Als ich heute von dir ging
fiel der erste Schnee
und es machte sich mein Kopf
einen Reim auf Weh.

Denn es war die Kälte nicht
die die Tränen mir
in die Augen trieb es war
vielmehr Ungereimtes.

Ach da warst du schon zu weit
als ich nach dir rief
und dich fragte wer die Nacht
in deinen Reimen schlief.

Heinrich Heine

Sie saßen und tranken am Teetisch
Und sprachen von Liebe viel.
Die Herren, die waren ästhetisch,
Die Damen von zartem Gefühl.

»Die Liebe muss sein platonisch«,
Der dürre Hofrat sprach.
Die Hofrätin lächelt ironisch,
Und dennoch seufzet sie: »Ach!«

Der Domherr öffnet den Mund weit:
»Die Liebe sei nicht zu roh,
Sie schadet sonst der Gesundheit.«
Das Fräulein lispelt: »Wieso?«

Die Gräfin spricht wehmütig:
»Die Liebe ist eine Passion!«
Und präsentieret gütig
Die Tasse dem Herrn Baron.

Am Tische war noch ein Plätzchen;
Mein Liebchen, da hast du gefehlt.
Du hättest so hübsch, mein Schätzchen,
Von deiner Liebe erzählt.

Doris Runge

EINLADUNG ZUM TEE

sie nippen aus dünnen tassen
halten hündisch geduckte
schatten schön bei fuß
lieben kette und ring
rahm und schmalz
gebäck zum tee und
trockenblumen werden
nie müde vom blühen

Mascha Kaléko

LIEBE, DA CAPO ...

Auf einmal also bist du wieder da,
Und jeder brave Vorsatz ist verloren.
Ich hatte es mir diesmal zugeschworen;
... Und kämst du selbst aus Innerafrika:

Aus und vorbei! – Doch schon ist es zu spät.
Nun sitz ich, wie das heißt, in deinen ‹Netzen›.
Man sollte meine Seele strafversetzen
In ein Revier, das dir nicht untersteht.

Wußt ich denn nicht, daß es sehr ratsam ist,
Dich mit gut eingeübter Kühle fortzutreiben?
Wie aber soll ich denn vernünftig bleiben,
Wenn du mir leider so sympathisch bist?!

Als wäre nichts geschehn, tauchst du nun auf,
Mein kleines bißchen Ruhe zu zerstören.
Es ist so schwer, das Böse abzuwehren.
– Ich geb es auf

Und weiß: ein Herz, das man schon mal verlor,
Reist nur noch in getragenen Gefühlen.
Und, während wir noch einmal ‹Liebe› spielen,
Bereit ich mich zum nächsten Abschied vor.

Mascha Kaléko

Liegengebliebener Brief auf Postfach 7

Wahrscheinlich kommst Du nicht mehr an den Schalter,
Weil Dich dies Postfach nicht mehr interessiert.
Ich aber lauf Dir nach per Federhalter
Und bin bei Dir auf Sehnsucht abonniert.

Ich weiß: das schickt sich nur für Konfirmanden,
Nicht für den ‹reifen Mann› mit Amt und Pflicht.
Ich habe acht Examina bestanden,
Das schwierigste – vor Dir – bestand ich nicht.

Es riecht nach ‹*Chypre*›, wenn ich von Dir träume,
Denn damals hast Du dies Parfum geliebt.
Ich geh noch einmal durch die gleichen Räume,
Sie sind so tot, seitdem es Dich nicht gibt.

An jeder Ecke spür ich Deine Nähe.
Noch folgt mir überallhin Dein Gesicht.
Und wo ich wirres Braunhaar flattern sehe,
Bist Du es, Liebste. – Doch Du bist es *nicht*.

Zu Neujahr werd ich diese Stadt verlassen.
Hier ist mir alles viel zu gut bekannt.
Dein Zimmer. Mein Büro. Und unsre Gassen,
Die tausend Dinge, von Dir umbenannt …

Jetzt hast Du lauter höhere Int'ressen!
– Ich bin nur noch für: ‹*… viele Grüße!*› da.
Du kannst so herrlich leicht und schön vergessen,
Wie ich aus Deinem kurzen Brief ersah.

Es war Dein letzter. Denn Du kannst nicht lügen.
Ich weiß, daß Dir der Andere gefällt.
Und doch: Du warst für mich ‹nach Maß› bestellt.
Ich kann mich nicht mit Konfektion begnügen …

Erich Kästner

Sachliche Romanze

Als sie einander acht Jahre kannten
(und man darf sagen: sie kannten sich gut),
kam ihre Liebe plötzlich abhanden.
Wie andern Leuten ein Stock oder Hut.

Sie waren traurig, betrugen sich heiter,
versuchten Küsse, als ob nichts sei,
und sahen sich an und wußten nicht weiter.
Da weinte sie schließlich. Und er stand dabei.

Vom Fenster aus konnte man Schiffen winken.
Er sagte, es wäre schon Viertel nach Vier
und Zeit, irgendwo Kaffee zu trinken.
Nebenan übte ein Mensch Klavier.

Sie gingen ins kleinste Café am Ort
und rührten in ihren Tassen.
Am Abend saßen sie immer noch dort.
Sie saßen allein, und sie sprachen kein Wort
und konnten es einfach nicht fassen.

Jürgen Theobaldy

Schnee im Büro

Eine gewisse Sehnsucht nach Palmen. Hier
ist es kalt, aber nicht nur. Deine Küsse
am Morgen sind wenig, später sitze ich
acht Stunden hier im Büro. Auch du
bist eingesperrt, und wir dürfen nicht
miteinander telefonieren. Den Hörer abnehmen
und lauschen? Telefon, warum schlägt
dein Puls nur für andere? Jemand fragt:
»Wie gehts?«, wartet die Antwort nicht ab
und ist aus dem Zimmer.
Was kann Liebe bewegen? Ich berechne
Preise und werde berechnet. All die Ersatzteile,
die Kesselglieder, Ölbrenner, sie gehen
durch meinen Kopf als Zahlen, weiter nichts.
Und ich gehe durch jemand hindurch
als Zahl. Aber am Abend komme ich zu dir
mit allem, was ich bin. Lese von
Wissenschaftlern: auch die Liebe ist
ein Produktionsverhältnis. Und wo sind
die Palmen? Die Palmen zeigen sich am Strand
einer Ansichtskarte, wir liegen auf dem Rücken
und betrachten sie. Am Morgen kehren wir
ins Büro zurück, jeder an seinen Platz.
Er hat eine Nummer, wie das Telefon.

Erich Fried

Aber solange ich atme

Auch was
auf der Hand liegt
muß ich
aus der Hand zu geben
bereit sein

und muß wissen
wenn ich liebe
daß es wirklich
die Liebe zu dir ist
und nicht nur
die Liebe zur Liebe zu dir
und daß ich nicht eigentlich
etwas Uneigentliches will

Aber
solange ich atme
will ich
wenn ich den Atem
anhalte
deinen Atem
noch spüren
in mir

Peter Rühmkorf

Gemeines Liebeslied

Abend gießt Rotspon ein,
mir ins Gesicht –
Ewig ist der Wackerstein,
ich bin es nicht.

Wer hält mein Leben kurz?
Fei oder Dschinn?
Leicht wie ein Vogelfurz
fliegt es dahin.

Hagel pickt, Hegel packt
nicht mein Geweid, aber bei
Liebe und Schnickschnack
vergeht mir die Zeit.

Liebste, ich sing: an dich
denk ich bei Tag und Nacht,
weil mich das Ding an sich
trübsinnig macht.

Treib ich meine Dohlen heim,
– you can't be true dear –
wie ein verrückter Reim
leg ich mich zu dir.

Tu meinen Wanst, diridum,
vor deinen Birnenbug –
Was du begreifen kannst,
macht mich nicht klug.

Wolfgang Weyrauch

Liebesgedicht

es schreit die Eins, es schweigt das A,
der Seehund west in Afrika,
aber wir, wir sind zusammen,
da weint das Schlangenknäuel, dort,
der jüngste Grashalm ist verdorrt,
aber wir, wir sind zusammen,
der Weise speit auf die Vernunft,
es jauchzt die letzte Niederkunft,
aber wir, wir sind zusammen,
der Freund wird, wie Hyänen sind,
der Mond verweht im Feuerwind,
aber wir, wir sind zusammen,
der letzte Fuß, die letzte Hand
versinken in den Feuersand,
aber wir, wir sind zusammen,
der Stein ist Wasser, Wasser Stein,
und keiner ist mit nichts allein,
wir sind zusammen.

Dann werden wir kein Feuer brauchen

Gedichte können der Ort sein, wo Utopie, die nicht aufzugebende, beheimatet sein darf, das erhoffte Andere und Bessere, das vorausgreifende Entwerfen, und sei es zunächst nur im Vertrauen aufs genaue Wort.

Eduard Mörike

Gesang Weylas

Du bist Orplid, mein Land!
Das ferne leuchtet;
Vom Meere dampfet dein besonnter Strand
Den Nebel, so der Götter Wange feuchtet.

Uralte Wasser steigen
Verjüngt um deine Hüften, Kind!
Vor deiner Gottheit beugen
Sich Könige, die deine Wärter sind

[*Weyla:* in Mörikes Roman *Maler Nolten* Göttin von Orplid, einer vom Dichter und seinen Freunden erfundenen Wunsch- und Märcheninsel.]

Wolfgang Weyrauch

Oh, when the Saints go marching in

Oh, when the Saints go marching in,
besuchen sie das ärmste Kind
mit Puppen und mit Broten,
und wenn sie damit fertig sind,
ziehn sie zum Bürgermeister hin,
entsprechend den Geboten,

und nehmen dem, der alles hat,
und geben es der Sünderin
voll Flüchen und voll Zoten.
Es findet eine Teilung statt,
denn Fisch und Tuch und Holz und Gin,
die Äpfel und die Schoten

erhält der Bettelmann, der Dieb,
so daß der Mörder sich besinnt
und betet für die Toten,
und was am Ende übrig blieb,
wirft man dem Staube hin, dem Wind,
für Hufe und für Pfoten.

Oh, when the Saints go marching out,
dann ist die Stadt aus Hauch gebaut,
als seis im Paradiese,
doch gleich darauf ist alles stumm
und blind und taub, das Eigentum
der Wächter und Verliese.

Erich Fried

Nacht in London

Die Hände
vor das Gesicht halten
und die Augen
nicht mehr aufmachen
nur eine Landschaft sehen
Berge und Bach
und auf der Wiese zwei Tiere
braun am hellgrünen Hang
hinauf zum dunkleren Wald

Und das gemähte Gras
zu riechen beginnen
und oben über den Fichten
in langsamen Kreisen ein Vogel
klein und schwarz
gegen das Himmelblau

Und alles
ganz still
und so schön
daß man weiß
das Leben lohnt sich
weil man glauben kann
daß es das wirklich gibt

Sarah Kirsch

Dann werden wir kein Feuer brauchen

Dann werden wir kein Feuer brauchen
es wird die Erde voll Wärme sein
der Wald muß dampfen, die Meere
springen – Wolken die milchigen Tiere
drängen sich: ein mächtiger Wolkenbaum

Die Sonne ist blaß in all dem Glänzen
greifbar die Luft ich halte sie fest
ein hochtönender Wind
treibts in die Augen da weine ich nicht

Wir gehen bloßen Leibs
durch Wohnungen türenlos schattenlos
sind wir allein weil keiner uns folgt niemand
das Lager versagt: stumm
sind die Hunde sie wehren nicht
den Schritt mir zur Seite: ihre Zungen
aufgebläht ohne Ton sind taub

Nur Himmel umgibt uns und schaumiger Regen Kälte
wird nie mehr sein, die Steine
die ledernen Blumen unsere Körper wie Seide
dazwischen
strahln Wärme aus Helligkeit
ist in uns wir sind silbernen Leibs

Morgen wirst du im Paradies mit mir sein

Peter Huchel

Die Hirtenstrophe

Wir gingen nachts gen Bethlehem
und suchten über Feld
den schiefen Stall aus Stroh und Lehm,
von Hunden fern umbellt.

Und drängten auf die morsche Schwell
und sahen an das Kind.
Der Schnee trieb durch die Luke hell
und draußen Eis und Wind.

Ein Ochs nur blies die Krippe warm,
der nah der Mutter stand.
Wie war ihr Kleid, ihr Kopftuch arm,
wie mager ihre Hand.

Ein Esel hielt sein Maul ins Heu,
fraß Dorn und Distel sacht.
Er rupfte weich die Krippenstreu,
o bitterkalte Nacht.

Wir hatten nichts als unsern Stock,
kein Schaf, kein eigen Land,
geflickt und fasrig war der Rock,
nachts keine warme Wand.

Wir standen scheu und stummen Munds:
Die Hirten, Kind, sind hier.
Und beteten und wünschten uns
Gerät und Pflug und Stier.

Und standen lang und schluckten Zorn,
weil uns das Kind nicht sah.
Griff nicht das Kind dem Ochs ans Horn
und lag dem Esel nah?

Es brannte ab der Span aus Kien.
Das Kind schrie und schlief ein.
Wir rührten uns, feldein zu ziehn.
Wie waren wir allein!

Daß diese Welt nun besser wird,
so sprach der Mann der Frau,
für Zimmermann und Knecht und Hirt,
das wisse er genau.

Eva Strittmatter

Utopia

Wer wird mir folgen, wenn ich gehe
Ins abseits ungelobte Land.
Freunde, die ich mir früh erfand
Und die ich noch von ferne sehe,

Werden mich ohne Liebe lassen.
Sie urteilen schon über mich.
Als Eichmaß setzen sie nun sich.
Und ich will ihrem Maß nicht passen.

Sie nehmen Welt, so wie sie ist,
Und suchen sie sich auszuschmücken.
Sie helfen sich mit kleinen Glücken.
Ich aber will *Landdasnichtist*

Utopia der Traum als Leben.
Und Liebe, Währung, die man *gibt*.
Ohne zu fragen, wen man liebt.
Denn liebend wird man ihn erheben.

Hanns Dieter Hüsch

Utopie

Ich seh ein Land mit neuen Bäumen
Ich seh ein Haus aus grünem Strauch
Und einen Fluß mit flinken Fischen
Und einen Himmel aus Hortensien seh ich auch

Ich seh ein Licht von Unschuld weiß
Und einen Berg der unberührt
Im Tal des Friedens geht ein junger Schäfer
Der alle Tiere in die Freiheit führt

Ich hör ein Herz das tapfer schlägt
In einem Menschen den es noch nicht gibt
Doch dessen Ankunft mich schon jetzt bewegt
Weil er erscheint und seine Feinde liebt

Das ist die Zeit die ich nicht mehr erlebe
Das ist die Welt die nicht von unsrer Welt
Sie ist aus feinstgesponnenem Gewebe
Und Freunde glaubt und seht: sie hält

Das ist das Land nach dem ich mich so sehne
Das mir durch Kopf und Körper schwimmt
Mein Sterbenswort und meine Lebenskantilene
Daß jeder jeden in die Arme nimmt.

Johannes Schenk

Utopie eines Strassentheaters

Da kommen die Leute mit Masken
einer stolpert übern Kantstein,
der eine mit Trommel der nächste mit Klingel,
die Kinder, Frauen und alle gehen mit, auch
die Männer um fünf nach der Arbeit.

Die Polizei geht mit und zieht
die schwarzen Handschuhe über.
Gerade mit viel Krach fliegt was übers Dach.
Und die Musik ist nicht zu hören,
bis die Leute im Haus sind:

und spielen das Spiel vom Arbeiterverkauf
vor denen, die sich verkaufen müssen,
dasitzen zuhören und fluchen
auf Hausbesitzer Fabrikbesitzer und die
Polizei,
die hinterm Tor hockt
und am Schlüsselloch ihre blanken Ohren
zückt,
die Knüppel und Pistolen,
alles was die so haben.

Das Spiel ist zu Ende, langsam
gehen die Leute aus der Tür,
nehmen der Polizei die Knüppel, Pistolen
und alles was die so auf dem Kopf haben,
lassen ihnen aber die blanken Ohren
zu hören

wie gut es scheppert, wenn sie das alles
in die offenen Mülleimer werfen.
Wenn sie damit fertig sind,
machen sie was.

Günter Kunert

So soll es sein

Zwecklos und sinnvoll
soll es sein
zwecklos und sinnvoll
soll es auftauchen aus dem Schlamm
daraus die Ziegel der großen Paläste
entstehen um wieder zu Schlamm zu zerfallen
eines sehr schönen Tages

zwecklos und sinnvoll
soll es sein
was für ein unziemliches Werk
wäre das
zur Unterdrückung nicht brauchbar
von Unterdrückung nicht widerlegbar
zwecklos also
sinnvoll also

wie das Gedicht.

Sonette – So-nette

Sonette wie die eines Andreas Gryphius und Paul Flemings aus dem 17. Jahrhundert, August von Platens, Rainer Maria Rilkes und vieler anderer aus späterer Zeit füllen das Arsenal der Lyrik. Es ist große europäische Tradition mit bedeutender Poesie. Aber so überlastet mit nur scheinbar gewichtigem Sinn und so leicht gehandhabt wurde bisweilen diese Gedichtform, gerade auch in den Jahren der Sinnsuche nach 1945, dass sich Kritik in Sonettversen selbst ausdrückte und dass – wie manchmal auch schon in viel früherer Zeit – ironisch und provokant mit der traditionsgesättigten Form gespielt wird. Gelegentlich führen Autoren dann nichts anderes vor als das bloße Material der formalen Struktur.

Andreas Gryphius

Tränen in schwerer Krankheit

anno 1640

Mir ist, ich weiß nicht wie; ich seufze für und für.
Ich weine Tag und Nacht, ich sitz in tausend Schmerzen
Und tausend fürcht ich noch; die Kraft in meinem Herzen
Verschwindt, der Geist verschmacht', die Hände sinken mir.

Die Wangen werden bleich, der muntern Augen Zier
Vergeht gleich als der Schein der schon verbrannten Kerzen.
Die Seele wird bestürmt gleichwie die See im Märzen.
Was ist dies Leben doch, was sind wir, ich und ihr?

Was bilden wir uns ein? Was wünschen wir zu haben?
Itzt sind wir hoch und groß und morgen schon vergraben;
Itzt Blumen, morgen Kot; wir sind ein Wind, ein Schaum,

Ein Nebel und ein Bach, ein Reif, ein Tau, ein Schatten;
Itzt was und morgen nichts, und was sind unsre Taten
Als ein mit herber Angst durchaus vermischter Traum!

Paul Fleming

An sich

Sei dennoch unverzagt, gib dennoch unverloren,
Weich keinem Glücke nicht, steh höher als der Neid,
Vergnüge dich an dir und acht es für kein Leid,
Hat sich gleich wider dich Glück, Ort und Zeit
verschworen.

Was dich betrübt und labt, halt alles für erkoren,
Nimm dein Verhängnis an, lass alles unbereut.
Tu, was getan muss sein, und eh man dir's gebeut.
Was du noch hoffen kannst, das wird noch stets
geboren.

Was klagt, was lobt man doch? Sein Unglück und
sein Glücke
Ist ihm ein jeder selbst. Schau alle Sachen an:
Dies alles ist in dir. Lass deinen eitlen Wahn,

Und eh du förder gehst, so geh in dich zurücke.
Wer sein selbst Meister ist und sich beherrschen
kann,
Dem ist die weite Welt und alles untertan.

[*Glück:* im Sinne von Fortuna, der wankelmütigen Glücksgöttin, die Glück und Unglück schenken kann.]

August von Platen

Wenn tiefe Schwermut meine Seele wieget,
Mag's um die Buden am Rialto flittern:
Um nicht den Geist im Tande zu zersplittern,
Such ich die Stille, die den Tag besieget.

Dann blick ich oft, an Brücken angeschmieget,
In öde Wellen, die nur leise zittern,
Wo über Mauern, welche halb verwittern,
Ein wilder Lorbeerbusch die Zweige bieget.

Und wann ich, stehend auf versteinten Pfählen,
Den Blick hinaus ins dunkle Meer verliere,
Dem fürder keine Dogen sich vermählen:

Dann stört mich kaum im schweigenden Reviere,
Herschallend aus entlegenen Kanälen,
Von Zeit zu Zeit ein Ruf der Gondoliere.*

* Die Gondoliere in Venedig bedienen sich, wenn sie um die Ecke biegen, eines herkömmlichen Rufs, um das Aneinanderstoßen zweier Gondeln zu verhindern.

Rainer Maria Rilke

Römische Fontäne

Borghese

Zwei Becken, eins das andre übersteigend
aus einem alten runden Marmorrand,
und aus dem oberen Wasser leis sich neigend
zum Wasser, welches unten wartend stand,

dem leise redenden entgegenschweigend
und heimlich, gleichsam in der hohlen Hand,
ihm Himmel hinter Grün und Dunkel zeigend
wie einen unbekannten Gegenstand;

sich selber ruhig in der schönen Schale
verbreitend ohne Heimweh, Kreis aus Kreis,
nur manchmal träumerisch und tropfenweis

sich niederlassend an den Moosbehängen
zum letzten Spiegel, der sein Becken leis
von unten lächeln macht mit Übergängen.

[*Borghese:* Park der Villa Borghese in Rom.]

Oskar Pastior

Heisser Abend im alten Tulcea

Das Ringelspiel im Hafen schlenkert in den Ketten,
die Obeliskensäule mit den Nymphen dreht sich nicht.
An einem Draht hängt weiß im Strahlenkreis ein Licht,
und Schatten gehn vorbei, als ob sie Stelzen hätten.

Das Grammophon ramonat ratlos wieder und zerbricht.
Der ganze Hafen sitzt beim Gartenbier wie Kletten.
Die Gäste drehn im Bahnhotel sich in den Betten;
das Ringelspiel am Kai dreht sich am Abend nicht.

Auf Steinen hocken Paare, und im Schatten
sieht man Matrosenbeine neben Hüften gehn,
und ab und zu wird groß durch Blätter ein Gesicht

und steht am Zaun und äugt durch grüne Latten,
wie sich beim Bier die Rauchrosetten drehn.
Das Ringelspiel am Kai dreht sich am Abend nicht.

Theo Breuer

BLINDGÄNGER

schwarz umnebelt schleich ich blind
fürchte stündliches versagen
alle fragen laute klagen
scheugeschlagnes menschenkind

dessen augen gläsern schießen
bettelt böse bittermandeln
zwingt mich – öde – zum verhandeln
schleimhaut launisch bellt – verdrießen

faust zuckt herrisch in der tasche
kind + ich verdrücken uns
kalte wälder splitterflasche

büsche weichen schroff zurück
schritte wirbeln schalen staub
aus frost am fuß auf moderlaub

F. W. Bernstein

Sonett-Sonett

Man nehme schöne Wörter, etwa Balustrade,
verrühre sie mit Reimen, lasse das Gedicht
nun in vier Strophen stehen, bis der Sinn aufbricht.
Dann kann es vorgetragen werden. Ach wie schade,

daß es so wüste Namen gibt von schönen Dingen;
ich denk an »Schnitzel«, »Kümmelstange« und die »Schweiz«;
gewaltig ist der Klang von »Ohrwurm« andrerseits,
doch hat er wenig Reiz. Soll das Sonett gelingen,

dann braucht es beides, Form und Inhalt, Sinn und Klang,
wie Rom, Granada, Ulm, Luang Prabang
und andre Städtenamen – doch nicht »Drispenstedt«.

Auch klingen ganz vorzüglich schön Obst und Gemüse,
die Aprikose, Kraut und Rüben voller Süße;
jetzt noch ein tiefrer Sinn, dann wird es ein Sonett.

Norbert Hummelt

Bukolisches Sonett

ich stand der tür im rahmen als ich dachte
wie immer ich es wende und betrachte
wohin ich auch mein hab und gut verfrachte
ich weiß nicht wo ich morgen übernachte

der mond ging auf und ab als ob er schmachte
als ich bei meinen schafen nächtlich wachte
am horizont das weideland verflachte
ich weiß nicht was der schäferhund da machte

worauf ich sonst normalerweise achte
auf einmal fiel ein schuß wobei es krachte
ich sagte zu den schafen sachte sachte

ich sah das schwarze schaf das heimlich lachte
ich sagte sieh dich vor daß ich nicht schlachte
es ist vielleicht dein fell wonach ich trachte

Gerhard Rühm

SONETT

erste strophe erste zeile
erste strophe zweite zeile
erste strophe dritte zeile
erste strophe vierte zeile

zweite strophe erste zeile
zweite strophe zweite zeile
zweite strophe dritte zeile
zweite strophe vierte zeile

dritte strophe erste zeile
dritte strophe zweite zeile
dritte strophe dritte zeile

vierte strophe erste zeile
vierte strophe zweite zeile
vierte strophe dritte zeile

Robert Gernhardt

Materialien zu einer Kritik der bekanntesten Gedichtform italienischen Ursprungs

Sonette find ich sowas von beschissen,
so eng, rigide, irgendwie nicht gut;
es macht mich ehrlich richtig krank zu wissen,
daß wer Sonette schreibt. Daß wer den Mut

hat, heute noch so'n dumpfen Scheiß zu bauen;
allein der Fakt, daß so ein Typ das tut,
kann mir in echt den ganzen Tag versauen.
Ich hab da eine Sperre. Und die Wut

darüber, daß so'n abgefuckter Kacker
mich mittels seiner Wichserein blockiert,
schafft in mir Aggressionen auf den Macker.

Ich tick nicht, was das Arschloch motiviert.
Ich tick es echt nicht. Und wills echt nicht wissen:
Ich find Sonette unheimlich beschissen.

Robert Gernhardt

ROMA AETERNA

Das Rom der Foren, Rom der Tempel
Das Rom der Kirchen, Rom der Villen
Das laute Rom und das der stillen
Entlegnen Plätze, wo der Stempel

Verblichner Macht noch an Palästen
Von altem Prunk erzählt und Schrecken
Indes aus moosbegrünten Becken
Des Wassers Spiegel allem Festen

Den Wandel vorhält. So viel Städte
In einer einzigen. Als hätte
Ein Gott sonst sehr verstreuten Glanz

Hierhergelenkt, um alles Scheinen
Zu steingewordnem Sein zu einen:
Rom hat viel alte Bausubstanz.

Überall ist Wunderland

Elisabeth Borchers

EIA WASSER REGNET SCHLAF

I

eia wasser regnet schlaf
eia abend schwimmt ins gras
wer zum wasser geht wird schlaf
wer zum abend kommt wird gras
weißes wasser grüner schlaf
großer abend kleines gras
es kommt es kommt
ein fremder

II

was sollen wir mit dem ertrunkenen matrosen tun?
wir ziehen ihm die stiefel aus
wir ziehen ihm die weste aus
und legen ihn ins gras

    mein kind im fluß ist's dunkel
    mein kind im fluß ist's naß

was sollen wir mit dem ertrunkenen matrosen tun?
    wir ziehen ihm das wasser an
    wir ziehen ihm den abend an
    und tragen ihn zurück

        mein kind du mußt nicht weinen
        mein kind das ist nur schlaf

was sollen wir mit dem ertrunkenen matrosen tun?
    wir singen ihm das wasserlied

wir sprechen ihm das grasgebet
dann will er gern zurück

III

es geht es geht
ein fremder
ins große gras den kleinen abend
im weißen schlaf das grüne naß
und geht zum gras und wird ein abend
und kommt zum schlaf und wird ein naß
eia schwimmt ins gras der abend
eia regnet's wasserschlaf

Ror Wolf

MEIN FAMILI

mein schwester strickt am grünen strumpf
so heiß und groß so dick und weich
so seltsam übers knie gebeugt
mein schwester mit dem roten rumpf

mein oma liebe oma so
so faltig pergament so dünn
so vogel hals so fistel stimm
so mürrisch mittags abends froh

mein famili im zimmer lung
wo um den schwarzen tisch und rund
mit topf und fisch und zwiebelbrüh
mit hand mit mund mit großem hung

mein vater mit der nickelbrill
mein mutter auf dem küchenstuhl
mein starker bruder mit dem bart
mein kleine schwester blaß und still

mein famili mein ganze fam
ili mein ganze zwei drei und
mein vier und fünf und zwei und ein
mein famili wie wundersam

wie wundersam wie wir am tisch
am runden tisch von rundem holz
wie faust und gabel hier und hier
fault gabel hier mund da und fisch

mund da und fisch und fisch und kloß
am runden tisch der vater spricht
und ißt den kloß und ißt den fisch
vom tisch und spricht und zwiebelsoß

und zwiebelsoß rinnt ab vom mund
wischt ab ach wischt und wischt und spricht
die schwester hörts an ihrem strumpf
die mutter hörts der bruder und

großvater dort auf dem abort
der hund der hund bunt hinterm schirm
die laus in seinem pelz und ich
ich hörs ich hab im ohr die wort

wie altes brot die wort wie brot
wie schwarzes brot die mutter nimmts
vom küchenbord und lächelt wild
denn trocken brot macht wangen rot

wie glotzt aus seinem leib das brot
wie rollt es rollt es durch die tür
die base sitzt vor dem klavier
und spielt ohn brot ist große not

die schürz der mutter weht herum
die uhr platzt an der wand und da
grinst unterm bottich grinst die schab
der vater spricht seht euch nicht um

Oskar Pastior

weiß das lauwant noch
wem die rübe schmeckt
hat entrissenheit
sich im stau verlaufen

soll der tag den hund
pelzen vor dem märz
kannst du allenfalls
sägen hinterm mond

einem dieser drei
strecken wir den zeh
ausgelenkt vom kegel

strecken wir den zeh
einem dieser drei
sägen hinterm mond
kannst du allenfalls

pelzen vor dem märz
soll der tag den hund
sich im stau verlaufen

hat entrissenheit
wem die rübe schmeckt
weiß das lauwant noch

Christian Morgenstern

Möwenlied

Die Möwen sehen alle aus,
als ob sie Emma hießen.
Sie tragen einen weißen Flaus
und sind mit Schrot zu schießen.

Ich schieße keine Möwe tot,
ich laß sie lieber leben –
und füttre sie mit Roggenbrot
und rötlichen Zibeben.

O Mensch, du wirst nie nebenbei
der Möwe Flug erreichen.
Wofern du Emma heißest, sei
zufrieden, ihr zu gleichen.

Zeile 1 und 2: Eine Erfahrung, die sich jedem aufdrängt, sobald er eine Möwe daraufhin betrachtet.
Zeile 9 und 10: Man wende hier um Himmels willen nicht das Luftschiff ein. Höchstens den – Engel.

Christian Morgenstern

Palmström

Palmström steht an einem Teiche
und entfaltet groß ein rotes Taschentuch:
Auf dem Tuch ist eine Eiche
dargestellt sowie ein Mensch mit einem Buch.

Palmström wagt nicht, sich hineinzuschneuzen.
Er gehört zu jenen Käuzen,
die oft unvermittelt-nackt
Ehrfurcht vor dem Schönen packt.

Zärtlich faltet er zusammen,
was er eben erst entbreitet.
Und kein Fühlender wird ihn verdammen,
weil er ungeschneuzt entschreitet.

Christian Morgenstern

Die unmögliche Tatsache

Palmström, etwas schon an Jahren,
wird an einer Straßenbeuge
und von einem Kraftfahrzeuge
überfahren.

»Wie war« (spricht er, sich erhebend
und entschlossen weiterlebend)
»möglich, wie dies Unglück, ja –:
daß es überhaupt geschah?

Ist die Staatskunst anzuklagen
in bezug auf Kraftfahrwagen?
Gab die Polizeivorschrift
hier dem Fahrer freie Trift?

Oder war vielmehr verboten,
hier Lebendige zu Toten
umzuwandeln, – kurz und schlicht:
Durfte hier der Kutscher nicht –?«

Eingehüllt in feuchte Tücher,
prüft er die Gesetzesbücher
und ist alsobald im klaren:
Wagen durften dort nicht fahren!

Und er kommt zu dem Ergebnis:
»Nur ein Traum war das Erlebnis.
Weil«, so schließt er messerscharf,
»nicht sein *kann*, was nicht sein *darf*.«

Wilhelm Busch

Wirklich, er war unentbehrlich!
Überall, wo was geschah
Zu dem Wohle der Gemeinde,
Er war tätig, er war da.

Schützenfest, Kasinobälle,
Pferderennen, Preisgericht,
Liedertafel, Spritzenprobe,
Ohne ihn da ging es nicht.

Ohne ihn war nichts zu machen,
Keine Stunde hatt' er frei.
Gestern, als sie ihn begruben,
War er richtig auch dabei.

Joachim Ringelnatz

Die Schnupftabaksdose

Es war eine Schnupftabaksdose,
Die hatte Friedrich der Große
Sich selbst geschnitzelt aus Nußbaumholz.
Und darauf war sie natürlich stolz.

Da kam ein Holzwurm gekrochen.
Der hatte Nußbaum gerochen.
Die Dose erzählte ihm lang und breit
Von Friedrich dem Großen und seiner Zeit.

Sie nannte den alten Fritz generös.
Da aber wurde der Holzwurm nervös
Und sagte, indem er zu bohren begann:
»Was geht mich Friedrich der Große an!«

Johann Wolfgang von Goethe

Beruf des Storches

Der Storch, der sich von Frosch und Wurm
An unserm Teiche nähret,
Was nistet er auf dem Kirchenturm,
Wo er nicht hingehöret?

Dort klappt und klappert er genung,
Verdrießlich anzuhören;
Doch wagt es weder alt noch jung,
Ihm in das Nest zu stören.

Wodurch – gesagt mit Reverenz –
Kann er sein Recht beweisen,
Als durch die löbliche Tendenz,
Aufs Kirchendach zu ……..?

Joachim Ringelnatz

Überall

Überall ist Wunderland.
Überall ist Leben.
Bei meiner Tante im Strumpfenband
Wie irgendwo daneben.

Überall ist Dunkelheit.
Kinder werden Väter.
Fünf Minuten später
Stirbt sich was für einige Zeit.
Überall ist Ewigkeit.

Wenn du einen Schneck behauchst,
Schrumpft er ins Gehäuse.
Wenn du ihn in Kognak tauchst,
Sieht er weiße Mäuse.

Ernst Jandl

OTTOS MOPS

ottos mops trotzt
otto: fort mops fort
ottos mops hopst fort
otto: soso

otto holt koks
otto holt obst
otto horcht
otto: mops mops
otto hofft

ottos mops klopft
otto: komm mops komm
ottos mops kommt
ottos mops kotzt
otto: ogottogott

Ernst Jandl

LICHTUNG

manche meinen
lechts und rinks
kann man nicht
velwechsern.
werch ein illtum!

Christian Morgenstern

Fisches Nachtgesang

—
◡ ◡
— — —
◡ ◡ ◡ ◡
— — —
◡ ◡ ◡ ◡
— — —
◡ ◡ ◡ ◡
— — —
◡ ◡ ◡ ◡
— — —
◡ ◡
—

Fisches Nachtgesang: das tiefste deutsche Gedicht.

Karl Otto Conrady

Wörtersucht

Sutor sucht Sulos Schnullersucht,
Singt sullig Sulomitensang,
Sortiert salopp Sulmitenfrucht,
Sintiert im Serum Seraphdrang,
Wolkiert wirrsuchten Wörtertrieb,
Wattiert wallunten Wolkenstall,
Wo sonsten wintert Wunderlieb
Werwigelgleich im Wallenhall.

Verzogen zagt der Zuckerzwerg
Zweizährig zugezackt im Zank,
Zerzullt die Zeit am Zottelberg,
Zählt zahnlos zieren Zahlenzwang.

Dunsteden dichtet dürerdicht,
Dürstillt dilettisch Dünkeldung,
Dramollt debiles Dürrgewicht,
Dadadatiert im Drommelschwung.

So sinkt auch Sulos Schnullersucht
Salonstill säusellind soso
Syllabenreif zur Sesamschlucht.

Und Sutor sitzt im Sinnenzoo,
Kalliphoniert vom Klingelklang,
Küsst klirrkokett den Kinderblues,
Kalauert kohlkahl Krümelsang
Und kitzelt kess den Künstlerfuß.

Alphabetisches Verzeichnis der Autorinnen und Autoren

Alphabetisches Verzeichnis der Gedichtüberschriften und -anfänge

Quellenverzeichnis

[*Aus* bedeutet: Gedichte sind wort- und zeichengetreu nach der genannten Quelle gedruckt. – *Nach* bedeutet: Ältere Texte wurden in der Schreibweise (behutsam) modernisiert.]

Hans Assman von Abschatz (1646–1699), »Wie ist die deutsche Welt in Neuigkeit ersoffen!« Nach: Poetische Übersetzungen und Gedichte, Christian Bauch Verlag, Leipzig und Breslau 1704 (Nachdruck 1970).

Ludwig Achim von Arnim (1781–1831), »Der Welt Herr«. Nach: Gedichte. 2.Teil, hg. v. H.R. Liedtke u. A. Anger, Niemeyer Verlag, Tübingen 1976.

Rose Ausländer (1901–1988), »Lorelei«. Aus: Wieder ein Tag aus Glut und Wind. Gedichte 1980–1982, © S. Fischer Verlag GmbH, Frankfurt/M. 1986.

Kurt Bartsch (* 1937), »Adolf Hitler ganz allein«. Aus: Weihnacht ist und Wotan reitet. Märchenhafte Gedichte, © Rotbuch Verlag, Berlin 1985.

Johannes R. Becher (1891–1958), »Deutschland, meine Trauer«, »Nationalhymne der Deutschen Demokratischen Republik«. Aus: Gesammelte Werke, Bd. 6, Gedichte 1949–1958, © Aufbau-Verlag, Berlin und Weimar 1972.

Gottfried Benn (1886–1956), »Reisen«. Aus: Sämtliche Gedichte, © Klett-Cotta Verlag, Stuttgart 1998.

F. W. Bernstein (* 1938), »Sonett – Sonett«. Aus: Die Gedichte, © Verlag Antje Kunstmann GmbH, München 2003.

Rudolf G. Binding (1867–1938), »Liebe«. Aus: Die Gedichte, © Rütten & Loening Verlag, Potsdam 1927 und 1936.

Elisabeth Borchers (* 1926), »eia wasser regnet schlaf«. Aus: Gedichte, Suhrkamp Verlag, Frankfurt/M. 1976 (© Alles redet, schweigt und ruft. Suhrkamp Verlag Frankfurt 2001).

Bertolt Brecht (1898–1956), »Kinderhymne«, »Als ich nachher von dir ging«, »Wenn du mich lustig machst«, »Sieben Rosen hat der Strauch«, »Die Liebste gab mir einen Zweig«, »Ulm 1592«. Aus: Werke. Große kommentierte Berliner und Frankfurter Ausgabe, Bd. 12 u. 15, © Suhrkamp Verlag, Frankfurt/M. 1988/1993.

Clemens Brentano (1778–1842), »Zu Bacharach am Rheine«. Nach: Werke, Bd. 1, hg. v. W. Frühwald, B. Gajek u. F. Kemp, Carl Hanser Verlag, München 1968.

Theo Breuer (* 1956), »blindgänger«. Aus: Land Stadt Flucht. Gedichte, Edition YE, Sistig/Eifel 2002.

Rolf Dieter Brinkmann (1940–1975), »Einen jener klassischen«. Aus: Westwärts 1 & 2. Gedichte, © Rowohlt Taschenbuch Verlag GmbH, Reinbek b. Hamburg 1975.

Hans Georg Bulla (* 1949), »Leben erzählen«. Aus: Verlorene Gegenden, © Pfaffenweiler Presse, Pfaffenweiler 1990.

Wilhelm Busch (1832–1908), »Mein Lebenslauf«, »Wirklich, er war unentbehrlich!« Nach: Gesamtausgabe, hg. v. F. Bohne, Vollmer Verlag, Wiesbaden o.J.

Charlotte Christoff (* 1933), »Für die Droste«. Aus: Warte am Ausgang, © Grupello Verlag, Düsseldorf 1999.

Matthias Claudius (1740–1815), »Rheinweinlied«, »Die Liebe«. Nach: Werke, hg. v. U. Roedl, J.G. Cotta'sche Buchhandlung Nachfolger, Stuttgart, 6. Aufl. 1965.

Karl Otto Conrady (* 1926), »Lockere Lyrik«, »Wörtersucht«. Aus: Wörtertreiben. Gedichte, Landpresse Verlag, Weilerswist 2002.

Edwin Wolfram Dahl (* 1928), »Notat November Neunzehnhundertneunundachtzig«. Aus: An einem einzigen Tag, © Otto Müller Verlag, Salzburg 1991.

Friedrich Christian Delius (* 1943), »Das Schweigen von Köln«. Aus: Ein Bankier auf der Flucht. Gedichte und Reisebilder, © Rotbuch Verlag, Berlin 1976.

Hilde Domin (* 1909), »Mit leichtem Gepäck«. Aus: Gesammelte Gedichte, © S. Fischer Verlag GmbH, Frankftrt/M. 1987.

Annette von Droste-Hülshoff (1797–1848), »Am Turme«. Nach: Werke in einem Band, hg. v. R. Walbinger, Aufbau-Verlag, Berlin und Weimar 1969 (Bibliothek Deutscher Klassiker).

Joseph von Eichendorff (1788–1857), »Waldgespräch«, »Sehnsucht«. Nach: Werke in einem Band, hg. v. M. Häckel, Aufbau-Verlag, Berlin und Weimar 1967 (Bibliothek Deutscher Klassiker).

Hans Magnus Enzensberger (* 1929), »Et ego«. Aus: Kiosk. Neue Gedichte, © Suhrkamp Verlag, Frankfurt/M. 1995.

Manfred Enzensperger (* 1952), »orte«. Aus: Semiopolis, Horlemann Verlag, Bad Honnef 2002.

Jörg Fauser (1944–1987), »Metzgerei oder: A Man Can Be Destroyed And Defeated«. Aus: Trotzki Goethe und das Glück, © Alexander Verlag, Berlin 2005.

Paul Fleming (1609–1640), »An sich«. Nach: Deutsche Gedichte, hg. v. J.M. Lappenberg, Bibliothek des Literarischen Vereins in Stuttgart, Stuttgart 1865 (Nachdruck 1965).

Theodor Fontane (1819–1898), »Würd es mir fehlen, würd ichs vermissen?«. Aus: Gedichte. Große Brandenburger Ausgabe, hg. v. J. Krueger u. A. Golz, Bd. 1, Aufbau-Verlag GmbH, Berlin 1995.

Ferdinand Freiligrath (1810–1876), »Hurra, Germania!« Nach: Werke in einem Band, hg. v. P. Zaunert, Leipzig, Biobliographisches Institut o.J.

Erich Fried (1921–1988), »Aber solange ich atme«. Aus: Beunruhigungen, © Verlag Klaus Wagenbach, Berlin 1994 (Neuaufl. 1997). – »Nacht in London«. Aus: Es ist was es ist, © Verlag Klaus Wagenbach, Berlin 1983 (Neuaufl. 1996).

Robert Gernhardt (* 1937), »Nachdem er durch Metzingen gegangen war«, »Roma aeterna«. Aus: Körper in Cafés, © Robert Gernhardt 1987. Alle Rechte vorbehalten S. Fischer Verlag, Frankfurt/M. – »Materialien zu einer Kritik der bekanntesten Gedichtform italienischen Ursprungs«. Aus: Wörtersee, Zweitausendeins, Frankfurt/M. 1981. © Robert Gernhardt, alle Rechte vorbehalten.

Johann Wolfgang von Goethe (1749–1832), »Gedichte sind gemalte Fensterscheiben«, »Woher sind wir geboren?«, »Selige Sehnsucht«, »Beruf des Storches«. Nach: Poetische Werke. Gedichte und Singspiele, Berliner Ausgabe, Bd. 1–3. Aufbau-Verlag, Berlin und Weimar 1965/1966.

Durs Grünbein (* 1962), »Kosmopolit«. Aus: Nach den Satiren, © Suhrkamp Verlag, Frankfurt/M. 1999.

Andreas Gryphius (1616–1664), »Tränen in schwerer Krankheit«. Nach: Lyrische Gedichte, hg. v. H. Palm, Bibliothek des Literarischen Vereins in Stuttgart, Tübingen 1884 (Nachdruck 1961).

Karoline von Günderrode (1780–1806), »Die eine Klage«. Nach: Sämtliche Werke und ausgewählte Studien, Bd. I: Texte, hg. v. W. Morgenthaler unter Mitarb. v. K. Obermeier u. M. Graf, Verlag Stroemfeld/Roter Stern, Basel 1990.

Ulla Hahn (* 1946), »Winterlied«. Aus: Herz über Kopf. Gedichte, © Deutsche Verlags-Anstalt GmbH, Stuttgart 1981.

Ludwig Harig (* 1927), »Das schreibende Subjekt«. Aus: Hundert Gedichte. Alexandrinische Sonette, Terzinen, Couplets und andere Verse in strenger Form, © Carl Hanser Verlag, München – Wien 1988.

Manfred Hausmann (1898–1986), »Liebe«. Aus: Jahre des Lebens. Gedichte © Neukirchener Verlag, Neukirchen-Vluyn 1974.

Heinrich Heine (1797–1856), »Ich weiß nicht, was soll es bedeuten«, »Zur Beruhigung«, »Himmel grau und wochentäglich!«, »Sie saßen und tranken am Teetisch«. Nach: Werke in fünf Bänden, Bd. 1, Gedichte, hg. v. H. Holtzhauer unter Mitarb. v. K.-H. Klingenberg, Aufbau-Verlag Berlin und Weimar, 18. Aufl. 1991.

Helmut Heißenbüttel (1921–1996), »Bremen wodu«. Aus: Das Textbuch, Luchterhand Verlag, Neuwied 1970 (© Textbücher 1–6, Klett-Cotta Verlag, Stuttgart 1980).

Karin Hempel-Soos (* 1939), »Volkstrauertag«. Aus: Anabiose, © Wienand Verlag, Köln 2001.

Wolfgang Hilbig (* 1941), »laßt mich doch«. Aus: abwesenheit, © S. Fischer Verlag GmbH, Frankfurt/M. 1979.

Franz Hodjak (* 1944), »Vagantenlied«. Aus: Ankunft Konjunktiv, © Suhrkamp Verlag, Frankfurt/M. 1997.

August Heinrich Hoffmann (von Fallersleben) (1798–1874), »Das Lied der Deutschen«, »Gründers Mittagslied«, »Michel-Enthusiast«. Nach: Gesammelte Werke, hg. v. H. Gerstenberg, Fontane Verlag, Berlin 1890ff.

Friedrich Hölderlin (1770–1843), »Lebenslauf«. Aus: Sämtliche Gedichte, hg. v. D. Lüders, Athenäum Verlag, Bad Homburg v.d.H., 1970.

Ricarda Huch (1864–1947), »Uralter Worte kundig kommt die Nacht«. Aus: Gesammelte Werke, hg. v. W. Emrich, Bd. 5, © Kiepenheuer & Witsch, Köln 1971.

Peter Huchel (1903–1981), »Die Hirtenstrophe«. Aus: Gesammelte Werke in zwei Bänden, hg. v. A. Vieregg, Bd. I: Die Gedichte, Suhrkamp Verlag, Frankfurt/M. 1984.

Norbert Hummelt (* 1962), »Bukolisches Sonett«. Aus: Knackige Codes, © Galrev, Berlin 1993.

Hanns Dieter Hüsch (* 1925), »Utopie«. Aus: Du kommst auch drin vor. Gedankengänge eines fahrenden Poeten, © Kindler Verlag GmbH, München 1990.

Steffen Jacobs (* 1968), »Über Vergeblichkeit«. Aus: Angebot freundlicher Übernahme, Gerd Haffmans bei Zweitausendeins, © Zweitausendeins, Frankfurt/M. 2002.

Ernst Jandl (1925–2000), »ottos mops«, »lichtung«. Aus: poetische werke, hg. v. k. siblewski, Bd. 2: laut und luise; Bd. 4: der künstliche baum, © by Luchterhand Literaturverlag, München, einem Unternehmen der Verlagsgruppe Random House GmbH, 1997.

Bernd Jentzsch (* 1940), »Verbotenes Lied«. Aus: Quartiermachen, Carl Hanser Verlag, München 1978 (© beim Autor).

Mascha Kaléko (1907–1975), »Liebe, da capo ...«, »Liegengebliebener Brief auf Postfach 7«. Aus: Das lyrische Stenogrammheft. Kleines Lesebuch für Große, © Rowohlt Verlag GmbH, Hamburg 1956.

Marie Luise Kaschnitz (1901–1974), »Nicht gesagt«. Aus: Überall nie. Ausgewählte Gedichte 1928–1965, © 1965 Claassen Verlag in der Ullstein Buchverlage GmbH, Berlin.

Erich Kästner (1899–1974), »Der Handstand auf der Loreley«, »Sachliche Romanze«. Aus: Gesammelte Schriften für Erwachsene, Bd. 1: Gedichte, Droemer Knaur Verlag, München 1969. © Atrium Verlag, Zürich und Thomas Kästner).

Justinus Kerner (1786–1862), »Wanderlied«. Nach: Ausgewählte Werke, hg. v. G. Grimm, Reclam Verlag, Stuttgart 1981.

Sarah Kirsch (* 1935), »Dann werden wir kein Feuer brauchen«. Aus: Werke in fünf Bänden, hg. v. F.-H. Hackel, Bd. 1: Gedichte 1, © Deutsche Verlags-Anstalt GmbH, Stuttgart 1999.

Ursula Krechel (* 1947), »Umsturz«. Aus: Nach Mainz! Gedichte, Luchterhand Verlag, Darmstadt-Neuwied 1977 (© Ursula Krechel). – »Pathetisch erleuchtete Hausfrau«. Aus: Landläufiges Wunder, © Suhrkamp Verlag, Frankfurt/M. 1995.

Günter Kunert (* 1929), »So soll es sein«. Aus: Im weiteren Fortgang. Gedichte, © Carl Hanser Verlag, München – Wien 1974.

Axel Kutsch (* 1945), »Feier des Wortes«. Aus: Wortbruch, © Landpresse Verlag, Weilerswist 1999.

Else Lasker-Schüler (1869–1945), »Ein Liebeslied«. Aus: Gedichte 1902–1943, © Suhrkamp Verlag, Frankfurt/M. 1996.

Anton G. Leitner (* 1961), »Kanarische Sicht, Weise«. Aus: Das Meer tropft aus dem Hahn, Buch & media, München 2002 (Lyrikedition 2000) © Anton G. Leitner, Weßling.

Magnus Gottfried Lichtwer (1719–1783), »Der Mohr und der Weiße«. Nach: Fabeldichter, Satiriker und Popularphilosophen des 18. Jahrhunderts, hg. v. J. Minor, W. Spemann-Verlag, Berlin o.J. (Kürschners Deutsche National-Literatur, Bd. 73).

Friedrich von Logau (1604–1655), »Heutige Weltkunst«. Nach: Sämtliche Sinngedichte, hg. v. G. Eitner, Bibliothek des Literarischen Vereins in Stuttgart, Tübingen 1872.

Friederike Mayröcker (* 1924), »an eine Mohnblume mitten in der Stadt«. Aus: Gesammelte Gedichte 1939–2003, © Suhrkamp Verlag, Frankfurt/M. 2004.

Christoph Meckel (* 1935), »Rede vom Gedicht«. Aus: Ungefähr ohne Tod im Schatten der Bäume. Ausgewählte Gedichte, hg. v. L. Seiler, © Carl Hanser Verlag GmbH, München 2003.

Christian Morgenstern (1871–1914), »Möwenlied«, »Palmström«. Aus: Gesammelte Werke in einem Band, hg. v. M. Morgenstern, Piper Verlag, München 1965.

Eduard Mörike (1804–1875), »Auf eine Lampe«, »Gesang Weylas«. Nach: Sämtliche Werke, Bd. 1, hg. v. J. Perfahl, Winkler Verlag, München 1967.

Dagmar Nick (* 1926), "Geh über Nacht". Aus: Zeugnis und Zeichen, Delp Verlag, München 1969. © Rimbaud Verlag, Aachen.

Helga M. Novak (* 1935), »Lernjahre sind keine Herrnjahre«. Aus: Solange noch Liebesbriefe eintreffen. Gesammelte Gedichte, hg. v. R. Jorek, © Schöffling & Co Verlagsbuchhandlung GmbH, Frankfurt/M. 1999.

Oskar Pastior (* 1927), »Heißer Abend im alten Tulcea«, Aus: Jalousien aufgemacht. Ein Lesebuch, hg. v. K. Ramm, © Carl Hanser Verlag, München 1987. – »weiß das lauwant noch«. Aus: Kopfnuß Januskopf. Gedichte in Palindromen, © Carl Hanser Verlag, München – Wien 1990.

August Graf von Platen (1796–1835), »Tristan«, »Wenn tiefe Schwermut meine Seele wieget«. Nach: Sämtliche Werke, hg. v. M. Koch u. E. Petzet, Max Hesse Verlag, Leipzig o.J. [1910].

Matthias Politycki (* 1955), »Summe meiner Fehlfahrten«. Aus: Ratschlag zum Verzehr einer Seidenraupe, © Hoffmann und Campe Verlag, Hamburg 2003.

Lutz Rathenow (* 1955), »Deutschland«. Aus: Verirrte Sterne oder Wenn alles wieder mal ganz anders kommt, Merlin Verlag, Gifkendorf 1994.

Jürgen Rennert (* 1952), »Mein Land ist mir zerfallen«. Aus: neue deutsche literatur 38, Aufbau-Verlag, Berlin und Weimar 1990.

Rainer Maria Rilke (1875–1926), »Römische Fontäne«. Aus: Sämtliche Werke, hg. v. E. Zinn, Insel Verlag, Frankfurt/M. 1995

Joachim Ringelnatz (1883–1934), »Die Schnupftabaksdose«, »Überall«. Aus: Hundert Gedichte, hg. v. F. Möbius, © Aufbau-Verlag, Berlin 2005.

Friedrich Rückert (1788–1866), »Grammatische Deutschheit«. Aus: Epochen der deutschen Lyrik, hg. v. W. Killy, Bd. 7: Gedichte 1800–1830, hg. v. J. Schillemeit, Deutscher Taschenbuch Verlag, München 1970.

Gerhard Rühm (* 1930), »sonett«. Aus: Gesammelte Gedichte und visuelle Texte, Rowohlt Verlag, Reinbek b. Hamburg 1970. © Rechte beim Autor.

Peter Rühmkorf (* 1929), »Hochseil«, »Gemeines Liebeslied«. Aus: Gedichte. Werke 1, hg. v. B. Rauschenbach, © Rowohlt Verlag GmbH, Reinbek b. Hamburg 2000.

Doris Runge (* 1943), »einladung zum tee«. Aus: kommt zeit, © Deutsche Verlags-Anstalt GmbH, Stuttgart 1988.

Johannes Schenk (* 1941), »Utopie eines Straßentheaters«. Aus: Segeltuch. 349 Gedichte, Druckerei Gerike, Berlin 1999.

Johannes Scheffler (Angelus Silesius) (1624–1677), »Geistreiche Sinn- und Schlußreime« (Cherubinischer Wandersmann), Nach: Sämtliche poetische Werke, hg. v. H.L. Held, 3. Aufl., Carl Hanser Verlag, München 1952.

Ernst Stadler (1883–1914), »Der Spruch«. Aus: Dichtungen, hg. v. K.L. Schneider, Bd. 1, Verlag Heinrich Ellermann, Hamburg o.J. [1954].

Eva Strittmatter (* 1930), »Utopia«. Aus: Zwiegespräch, © Aufbau-Verlag, Berlin und Weimar 1980.

Tina Stroheker (* 1948), »Einer aus Ulm«. Aus: Vorausgeworfener Schatten. Gedichte, © Klöpfer & Meyer, Tübingen 2001.

Ralf Thenior (* 1945), »Gran Canaria«. Aus: Traurige Hurras, AutorenEdition Bertelsmann, München 1977. © Ralf Thenior.

Jürgen Theobaldy (* 1944), »Schnee im Büro«. Aus: Zweiter Klasse, Rotbuch-Verlag, Berlin 1976. © Jürgen Theobaldy.

Ludwig Tieck (1773–1853), »Liebe denkt in süßen Tönen«. Nach: Gedichte, Verlag Hilscher, Dresden 1821–1823 (Nachdruck 1967).

Kurt Tucholsky (1890–1935), »Luftveränderung«. Aus: Gesammelte Werke, hg. v. M. Gerold-Tucholsky u. F.J. Raddatz, Bd. I, © Rowohlt Verlag GmbH, Reinbek b. Hamburg 1960.

Ludwig Verbeek (* 1938), »Frühling 1990«. Aus: Das Blaue vom Himmel, © Horlemann-Verlag, Unkel/Rhein 1992.
Guntram Vesper (*1941), »Landmeer«. Aus: Die Inseln im Landmeer, © Pfaffenweiler Presse, Pfaffenweiler 1982.

Walther von der Vogelweide (um 1170 – um 1230), »Ir sult sprechen willekomen«. Aus: Gedichte, ausgew. u. übers. v. P. Wapnewski, 140.–141. Tsd., Fischer Taschenbuch Verlag, Frankfurt/M. 1998.

Wolfgang Weyrauch (1904–1980), »Liebesgedicht«. Aus: Atom und Aloe. Gesammelte Gedichte, hg. v. H. Bender, Frankfurter Verlagsanstalt, Frankfurt/M. 1987.

Ror Wolf (* 1932), »mein famili«. Aus: Aussichten auf neue Erlebnisse. Moritaten, Balladen & andere Gedichte, © Frankfurt Verlagsanstalt GmbH, Frankfurt/M. 1996

Nicht in jedem Fall war der Rechteinhaber zu ermitteln. Berechtigte Forderungen bitten wir an den Verlag zu richten.

Über den Herausgeber

Karl Otto Conrady, 1926 in Hamm/Westf. geboren, war seit 1957 Dozent in Münster und Göttingen, seit 1961 ord. Professor für Neuere deutsche Literatur, in Saarbrücken und Kiel (1962–1969), von 1969 bis zu seiner Emeritierung 1991 an der Universität zu Köln. Über sein Fach hinaus wurde er bekannt durch Bücher wie seine umfassende Goethebiografie (*Goethe. Leben und Werk*), die Anthologie *Gedichte zur deutschen Wende* (mit einem Essay »Deutsche Wendezeit«, in der *edition suhrkamp*) und die weit verbreitete Sammlung, die in der letzten Fassung betitelt ist *Der Neue Conrady. Das große deutsche Gedichtbuch von den Anfängen bis zur Gegenwart* (Artemis & Winkler 2000; 3. Aufl. 2003). *Klärungsversuche. Essays zu Literatur und Zeitgeschehen* erschien 2005 im Münchner Allitera-Verlag.